"专业技术人才知识更新工程2019高级研修项目计

从电子商务到智能商务

——"智能+"时代商务数字化进阶之路

聂林海◎总编

程　晓　文丹枫◎主编

经济管理出版社

ECONOMY & MANAGEMENT PUBLISHING HOUSE

图书在版编目（CIP）数据

从电子商务到智能商务——"智能+"时代商务数字化进阶之路 / 程晓，文丹枫主编. —北京：经济管理出版社，2019.5
ISBN 978-7-5096-6639-5

Ⅰ. ①从… Ⅱ. ①程… ②文… Ⅲ. ①电子商务—研究—中国 Ⅳ. ①F724.6

中国版本图书馆 CIP 数据核字（2019）第 106406 号

组稿编辑：杨雪
责任编辑：杨雪　詹静
责任印制：黄章平
责任校对：王纪慧

出版发行：经济管理出版社
　　　　　（北京市海淀区北蜂窝 8 号中雅大厦 A 座 11 层　100038）
网　　址：www. E-mp. com. cn
电　　话：（010）51915602
印　　刷：三河市延风印装有限公司
经　　销：新华书店
开　　本：720mm×1000mm/16
印　　张：10. 25
字　　数：168 千字
版　　次：2019 年 7 月第 1 版　　2019 年 7 月第 1 次印刷
书　　号：ISBN 978-7-5096-6639-5
定　　价：68. 00 元

编委会

前　言

随着大数据、云计算、现代通信和人工智能处理技术等融合的新型电子信息技术的飞速发展，人类在经历了农业社会、工业社会后，已步入信息化社会。物质、能源与信息已成为社会发展的三大资源，而新的技术与硬件融合的突破发展给企业工作流程、管理模式、组织机构重组乃至整体的发展带来新的机会，导致产业结构及企业经营方式的变革。

自 20 世纪 90 年代末开始，互联网开启商业化进程，数字经济以信息化、互联网应用为主，电子商务、搜索广告等得到了较快的发展。2010 年后，移动互联网产业蓬勃发展，推动中国互联网达到了一个新的高度。同时，以平台为载体，以数据为驱动，与传统产业广泛融合，全社会积极践行"互联网+"。如今，关于"人工智能"的概念，近年来在政府工作报告中屡有提及。2017 年，"人工智能"首次写入政府工作报告，并提出把发展智能制造作为主攻方向，推进国家智能制造示范区；2018 年，报告进一步提出加强新一代人工智能研发应用，发展智能产业，拓展智能生活，建设智能社会；直到 2019 年，报告首提"智能+"，政府报告提到，促进先进制造业和现代服务业融合发展，拓展"智能+"，为制造业转型升级赋能。

数字经济进入了后移动互联网时代，以云网端新一代基础设施为基础，开始全面数字化转型，"智能+"时代产业崛起的序幕正缓缓拉开，尤其是供给端的产品创新极具代表性，新兴的人工智能产业、智能电动汽车产业、工业智能制造等都在快速发展，给行业带来新的发展机遇。

从传统的批发零售到 PC 时代的电子商务再到移动"互联网+"时代的 O2O 融合，以及最近非常火的人工智能融合下的智能商业，中国商业的思考、变革和转型从未停止。可见数字化转型和技术创新已经成为每一家企业未来发展的必经之路，数字化浪潮来袭，各行各业都在颠覆传统的路上砥砺前行。

　　本书聚焦于"智能+"时代商务变革发展，首先，通过研究中国商务发展的不同阶段所涉及的法律法规、行业标准、发展规划及政策支持等内容，分析政策环境对于中国商务发展的影响；其次，深入分析商务数字化发展历程，分别从传统商务、电子商务、智能商务三个主要发展阶段进行总结描述；再次，在商务三个主要发展阶段中重点从物流、商流、资金流和信息流四大方面的演变发展分析中国商务发展的要素特征；最后，通过分析互联网、大数据、云计算、智能终端等数字技术创新运营模式和创新业态，研究数字技术发展对商贸流通、社会消费的影响，并通过选取全球七家商务数字化应用企业，从运营模式和发展战略等不同角度进一步深入了解商务数字化的应用。

目　录

第一篇　理论篇

第二篇　技术篇

第三篇　应用篇

第一篇

理论篇

第一章 中国商务发展法规政策分析

第一节 行业法律法规

2018 年中国互联网产业进入发展的快车道，中国互联网立法政策的步伐紧跟产业的脉络，立法效力层级显著提升。近年来，国家相继出台了一系列法律法规以推进电子商务行业的健康有序发展，对电商行业存在企业不正当竞争问题、用户个人信息泄露问题、网购退换货问题等方面进行了相应的规定，在一定条件下影响电子商务发展（见表 1-1）。

表 1-1　电子商务行业相关法律及部门规章制度

发布时间	发布机构	法律法规	相关内容
2018 年 8 月	全国人大常委会	《电子商务法》	《电子商务法》所称电子商务，指通过互联网等信息网络销售商品或者提供服务的经营活动；对搭售、押金和个人信息保护作出了规定，自 2019 年 1 月 1 日起实施
2018 年 3 月	国务院	《快递暂行条例》	该条例指出以促进快递业持续健康发展为重点，着力解决制约行业发展的体制机制；从法制制度上加大对快递用户信息保护，以应对公共安全和用户信息安全风险；规范快递秩序，完善快递服务规则，理顺法律关系，保护消费者合法权益，使企业、用户形成明确的法律预期，引导企业不断提升服务水平

发布时间	发布机构	法律法规	相关内容
2018 年 2 月	交通运输部	《网络预约出租车汽车监管信息交互平台运行管理办法》	该办法针对网约车监管信息交互平台数据传输、运行维护、数据质量测评等工作作出了相关管理规定
2017 年 12 月	原国家食品药品监督管理总局	《医疗器械网络销售监督管理办法》	该办法要求网络销售企业和网络交易服务第三方平台提供者分别向市局和省局备案，并进一步细化了网络销售企业和网络交易服务第三方平台提供者的义务，规定网络销售企业应当保证医疗器械质量安全；从事医疗器械网络销售的企业、医疗器械网络交易服务第三方平台提供者应当遵守医疗器械法规、规章和规范，建立健全管理制度，依法诚信经营，保证医疗器械质量安全；网络销售企业和第三方平台提供者应当保障销售交易数据和资料真实、完整、可追溯
2017 年 11 月	原国家食品药品监督管理总局	《网络餐饮服务食品安全监督管理办法》	该办法确定了网络餐饮服务交易第三方平台提供者、通过第三方平台和自建网站餐饮服务提供者的义务，规定了监督管理以及法律责任等内容
2017 年 11 月	全国人大常委会	《反不正当竞争法》	该法设置专条规制经营者利用网络从事生产经营活动，将互联网领域的干扰、限制、影响、破坏其他经营者的行为纳入规制范围；增加对经营者"刷单""刷信誉"等新型不正当竞争行为的规制
2017 年 1 月	原国家工商行政管理总局	《网络购买商品七日无理由退货暂行办法》	该暂行办法明确了不适用退货的商品范围和商品完好标准、退货程序、监督检查、法律责任等

续表

发布时间	发布机构	法律法规	相关内容
2016 年 11 月	全国人大常委会	《中华人民共和国网络安全法》	该安全法明确了网络空间主权的原则；明确了网络产品和服务提供者的安全义务；明确了网络运营者的安全义务；进一步完善了个人信息保护规则；建立了关键信息基础设施安全保护制度；确立了关键信息基础设施重要数据跨境传输的规则
2016 年 11 月	国家工商总局	《中华人民共和国消费者权益保护法实施条例（送审稿）》	该条例规定网络交易平台提供者应当对进入平台销售商品或提供服务的经营者进行身份信息审查和登记，并依照法律、法规的规定，在其从事经营活动的主页面显著位置公示相关信息；未经消费者明确同意或请求，经营者不得向消费者的固定电话、移动电话等通信设备，电脑等电子终端或电子邮箱、网络硬盘等电子信息空间发送商业性电子信息或拨打商业性推销电话等
2015 年 4 月	全国人大常委会	《中华人民共和国电子签名法》（2015 年修正版）	该法规范了电子签名行为，确认电子签名具有与手写文件同等的法律效力

资料来源：中商产业研究院经公开资料整理。

第二节　行业相关政策及规章制度

一、电子商务相关政策及规章制度

近年来，随着我国计算机技术的发展及互联网的普及，电子商务已经成为成熟的商业模式，我国在这一领域出台了一系列政策对其进行支持、规范和监管。相关政策具体如表1-2所示。

表1-2 电子商务行业相关政策及规章制度

时间	发文单位	文件名称	相关内容
2018年11月	国务院	《跨境电商零售进口现行监管政策》	将跨境电商零售进口现行监管政策适用范围从之前的杭州等15个城市，再扩大到北京、沈阳、南京、武汉、西安、厦门等22个新设跨境电商综合试验区的城市
2018年9月	财政部	《关于跨境电子商务综合试验区零售出口货物税收政策的通知》	对跨境电商综合试验区出口企业出口未取得有效进货平整度货物，同时符合一定条件的，试行增值税、消费税免税政策
2018年6月	市场监管总局等八部委	《关于印发2018网络市场监管专项行动（网剑行动）方案的通知》	以打击网络侵权假冒，刷单炒信，虚假宣传，虚假、违法广告等违法行为和落实平台责任、规范格式合同为重点
2018年5月	财政部	《关于开展2018年电子商务进农村综合示范工作的通知》	2018年示范地区建档立卡贫困村和整体行政村电商服务覆盖率到50%左右，农村网络零售额、农产品网络零售额等增速高于全国农村水平
2018年5月	发展改革委	《关于加强对电子商务领域失信问题专项治理工作的通知》	严厉打击、整治电子商务领域违法失信行为，鼓励在已有的限制新设立账户等13项联合惩戒措施基础上，结合地方实际，创新制定联合惩戒措施
2018年4月	发展改革委	《网络交易价格举报管辖规定》	被举报电商行为发生地难以确认的，由最先接到举报的价格主管部门在接到举报之日起1个工作日内，从12358价格监管系统向平台发送电子协查文书，通过平台查找

续表

时间	发文单位	文件名称	相关内容
2018年1月	国务院办公厅	《关于推进农业高新技术产业示范区建设发展的指导意见》	加快建立健全适应农产品电商发展的标准体系,支持农产品电商平台建设和乡村电商服务示范,推进农业农村信息化建设
2018年1月	国务院办公厅	《关于推进电子商务与快递物流协同发展的意见》	该意见提出要强化制度创新,优化协同发展政策法规环境;强化规划引领,完善电子商务快递物流基础设施;强化规范运营,优化电子商务配送通行管理;强化服务创新,提升快递末端服务能力;强化标准化、智能化,提高协同运行效率;强化绿色理念,发展绿色生态链
2017年4月	原国家工商行政管理总局	《关于推行企业等级全程电子化工作的意见》	该意见提出,要以企业登记全程便捷、高效、利民为目标,按照统筹规划、问题导向、便捷高效、安全可靠的基本原则,实现各类型企业的设立、变更、备案、注销等各个业务环节均可通过互联网办理,有条件的地方逐步实施无纸全程电子化登记,提高企业登记管理的便利化、规范化、信息化水平
2017年4月	原国家工商行政管理总局	《关于全面推进企业电子营业执照工作的意见》	该意见提出,要建立全国统一的电子营业执照管理制度;搭建统一的电子营业执照管理系统
2017年1月	商务部	《商务部关于进一步推进国家电子商务示范基地建设工作的指导意见》	提出发挥市场主导作用,进一步完善基础设施和服务体系,鼓励示范基地构建多元化、多渠道的投融资机制,推动电子商务与生产制造、商贸流通、民生服务、文化娱乐等产业的深度融合等

时间	发文单位	文件名称	相关内容
2016 年 5 月	发展改革委、商务部等七部委	《关于推动电子商务发展有关工作的通知》	提出完善电子商务法规政策环境，加强电子商务基础设施和交易保障设施建设，积极培育电子商务服务，推动特色农产品电子商务平台建设，大力发展线上线下互动，推动实体店转型升级
2016 年 4 月	国务院	《国务院办公厅关于深入实施"互联网＋流通"行动计划的意见》	提出加快推动流通转型升级，积极推进流通创新发展，深入推进农村电子商务，积极促进电子商务进社区，加快完善流通保障制度等
2016 年 3 月	商务部	《2016 年电子商务和信息化工作要点》	提出做好"十三五"电子商务发展规划，积极推进电子商务立法工作，推进电子商务信用体系建设，积极参与国际规则制订，深入实施"互联网＋流通"行动，加快电子商务进农村，鼓励电子商务进社区，推进跨境电子商务发展，加强电子商务人才培养等
2015 年 9 月	国务院	《国务院办公厅关于推进线上线下互动加快商贸流通创新发展转型升级的意见》	提出鼓励线上线下互动创新，激发实体商业发展活力，健全现代市场体系及完善政策措施等，包括支持产业模式创新，加强线上线下互动，促进线上线下融合，鼓励企业利用互联网逆向整合各类生产要素资源，按照消费需求打造个性化产品等
2015 年 7 月	国务院	《国务院关于积极推进"互联网＋"行动的指导意见》	要依托互联网平台提供人工智能公共创新服务，加快人工智能核心技术突破，促进人工智能在智能家居、智能终端、智能汽车、机器人等领域的推广应用，培育若干引领全球人工智能发展的骨干企业和创新团队，形成创新活跃、开放合作、协同发展的产业生态

续表

时间	发文单位	文件名称	相关内容
2015 年 6 月	国务院办公厅	《关于促进跨境电子商务健康快速发展的指导意见》	支持国内企业更好地利用电子商务开展对外贸易、鼓励有实力的企业做大做强、优化配套的海关监管措施、完善检验检疫监管政策措施、明确规范进出口税收政策、完善电子商务支付结算管理、提供积极财政金融支持、建设综合服务体系、规范跨境电子商务经营行为、充分发挥行业组织作用、加强多双边国际合作、加强组织实施等，要求地方各级人民政府制订完善发展跨境电子商务的工作方案
2015 年 5 月	国务院	《国务院关于大力发展电子商务加快培育经济新动力的意见》	提出为减少束缚电子商务发展的机制体制障碍、进一步发挥电子商务在培育经济新动力、加大金融服务支持、鼓励电子商务领域就业创业、加强人才培养培训、支持物流配送终端及智慧物流平台建设、合理布局物流仓储设施等措施，加快建立开放、规范、诚信、安全的电子商务发展环境
2015 年 5 月	商务部	《"互联网+流通"行动计划》	着眼于"互联网+流通"发展中深层次的问题，通过完善政策法规标准、优化物流基础设施、提升网络服务能力、加强统计监测和知识产权保护、开展人才培训等措施来优化发展环境
2015 年 4 月	商务部	《网络零售第三方平台交易规则制定程序规定（试行）》	对网络零售第三方平台经营者制定、修改、实施交易规则等行为进行规范

资料来源：中商产业研究院经公开资料整理。

二、智能商务相关规章政策

自 2015 年起，随着人工智能技术取得突破性进展，我国政府也越来越重视人工智能结合电子商务行业的发展，陆续出台了多项政策对该领域进行鼓励和支持。

2015 年 7 月，国务院出台了《国务院关于积极推进"互联网+"行动的指导意见》，明确提出人工智能属于我国 11 个重点布局的领域之一，希望我国人工智能在智能家居、智能终端、智能汽车、机器人领域广泛推广及应用。同年，即 2015 年国务院办公厅出台了《关于运用大数据加强对市场主体服务和监管的若干意见》，旨在加快政府部门利用大数据技术提升治理效率、重构治理模式、破解治理难题。

2016 年 5 月，发展改革委、科技部、工信部、中央网信办四部委联合出台《"互联网+"人工智能三年行动实施方案》，明确了要培育发展人工智能新兴产业、推进重点领域智能产品创新、提升终端产品智能化水平，并且提出政府将在资金、标准体系、知识产权、人才培养、国际合作、组织实施等方面对以上领域提供保障。2016 年 7 月，《关于运用大数据加强对市场主体服务和监管的若干意见》旨在加快政府部门利用大数据技术提升治理效率、重构治理模式、破解治理难题，对于提升政府服务和监管水平是一个里程碑式的举措。以上政策表明了人工智能在中国政治、经济、学术等领域的重要性，标志着人工智能大时代正式开启。

2017 年 3 月，全国两会指出，要加快培育壮大包括人工智能在内的新兴产业，"人工智能"首次被写入全国政府工作报告。我国商务智能龙头企业——百度的 CEO 李彦宏和腾讯的 CEO 马化腾均在会上就人工智能的发展及未来愿景发表意见。

2018 年，多个省市及地区纷纷紧跟《新一代人工智能发展规划》，出台相关规划文件或扶持政策，使得 2018 年成为人工智能应用落地元年。例如，成都市印发了《成都市加快人工智能产业发展专项政策》，从加快夯实人工智能产业基础、不断提升人工智能产业能级、全面营造人工智能产业生态三个方面出台 12 条专项政策，推动人工智能产业发展；深圳市工业和信息化局表示，将充分发挥深圳信息产业优势，加快布局人工智能技术和产业，率先打造数据驱动、人机协同、跨界融合、共创共享的智能经济形态；上海市发布《关于加快推进上海人工智能高质量发展的实施办法》，围绕集聚高端人才、突破核心技术、推进示范应用等五个方面提出了22条具体举措。

综合以上内容，一方面，人工智能应用在未来几年将加速落地；另一方面，人工智能将在安防、政法、教育、无人驾驶等各个细分领域，各个垂直行业逐渐深化、推广及应用。

第三节　行业相关标准

一、《第三方电子商务交易平台服务规范》

第三方电子商务交易平台在电子商务服务业发展中具有举足轻重的作用，它不仅打通了买卖双方的网上交易渠道，大幅度降低了交易成本，也开辟了电子商务服务业的一个新领域，加强对其的服务规范，对于维护电子商务交易秩序，促进电子商务健康快速发展，具有非常重要的作用。

《第三方电子商务交易平台服务规范》规范了第三方电子商务交易平台的经营活动，对保护企业和消费者合法权益，营造公平、诚信的交易环境，保障交易安全，促进电子商务的快速发展具有重要作用。

二、《电子商务模式规范》

《电子商务模式规范》规定了基于互联网技术和网络通信手段缔结的电子商务模式，描述了电子商务模式的基本要求，制定了服务提供方主体法人资格、服务对象主体法人资格、中立的第三方参与经营、实物交易、在线支付、售后服务、独立的技术配套设施以及人员技能等方面规范，适用范围为发生在互联网中企业之间（B2B）、企业和消费者之间（B2C）、个人之间（C2C）、政府和企业之间（G2B）等电子商务模式。

三、《网络商品交易及有关服务行为管理暂行办法》

《网络商品交易及有关服务行为管理暂行办法》规定了网络商品经营者和网络服务经营者的义务以及提供网络交易平台服务的经营者的义务，为网络商品交易及有关服务行为提供公平、公正、规范、有序的市场环境，提倡和营造诚信的市场氛围，保护消费者和经营者的合法权益发挥了作用。

四、《电子支付指引》

《电子支付指引（第一号）》规定了电子支付业务的申请原则、格式条款、办理流程及争议处理措施；电子支付指令的发起原则、程序及必要格式条款；有关电子支付的安全控制措施及条例以及电子支付业务出现差错时的处理原则等。《电子支付指引（第一号）》对规范电子支付业务，防范支付风险，保证资金安全，维护银行及其客户在电子支付活动中的合法权益，促进电子支付业务健康发展发挥了作用。

五、《非金融机构支付服务管理办法》

《非金融机构支付服务管理办法》规定了非金融机构申请《支付业务许可证》的必备条件、申请流程和提交材料等；取得《支付业务许可证》的支付机构应当和禁止的操作行为及措施；违反《非金融机构支付服务管理办法》的相关非金融机构及个人的罚则等。《非金融机构支付服务管理办法》对促进支付服务市场健康发展，规范非金融机构支付服务行为，防范支付风险，保护当事人的合法权益发挥了作用。

第四节　行业相关发展规划

当前我国电商行业基本已经完成了从传统商务向电子商务的发展升级

阶段，其正处于由电子商务向智能商务迈进的阶段。自 2015 年人工智能进入爆发期以来，国家陆续提出多项意见与规划。2016 年国家将人工智能列入"科技创新 2030 项目"以及"十三五"重大工程，2017 年全国两会召开，人工智能被写入"十三五"规划纲要，以及 2019 年全国两会将人工智能相关立法项目列入立法规划，使得人工智能在中国政治、经济、学术等领域成为重中之重，迎来了中国人工智能最好的时代。

一、《新一代人工智能发展规划》

2017 年 7 月，国务院出台了《新一代人工智能发展规划》，该规划作为我国人工智能的顶层战略设计，分别从产品、企业和产业层面分层次落实发展任务，对基础的应用场景、具体的产品应用做了全面的梳理，反映出国家部署人工智能发展规划的重点和核心在于人工智能科技的落地与应用。同时，为推动人工智能与各行业融合创新，国家将在制造、农业、物流、金融、商务、家居等重点行业和领域开展人工智能应用试点示范，推动人工智能规模化应用，全面提升产业发展智能化水平。

二、《国民经济和社会发展第十三个五年规划纲要》

2016 年 3 月，《国民经济和社会发展第十三个五年规划纲要》提出实施制造强国战略，加快发展新型制造业，实施智能制造工程，加快发展智能制造关键技术装备，强化智能制造标准、工业电子设备、核心支撑软件等基础；加强工业互联网设施建设、技术验证和示范推广，推动"中国制造+互联网"取得实质性突破。支持战略性新兴产业发展，支持新一代信息技术、新能源汽车、生物技术、绿色低碳、高端装备与材料、数字创意等领域的产业发展壮大。拓展网络经济空间，发展现代互联网产业体系。实施大数据战略，促进大数据产业健康发展。

三、《机器人产业发展规划（2016~2020 年）》

2016 年 3 月，工业和信息化部、发展改革委、财政部联合发布了《机器人产业发展规划（2016~2020 年）》，提出要大力发展机器人产业，推进重大标志性产品率先突破；大力发展机器人关键零部件；强化产业创新能力；着力推进应用示范；积极培育龙头企业；经过五年的努力，形成较为完善的机器人产业体系。

四、《"十三五"国家科技创新规划》

2016 年 1 月，国务院出台了《"十三五"国家科技创新规划》，提出在深入实施国家科技重大专项的基础上，面向 2030 年部署启动 15 个科技创新 2030—重大科技项目，提出智能制造和机器人成为"科技创新 2030 项目"重大工程之一。同时，还要求构建具有国际竞争力的产业技术体系，突破产业转型升级和新兴产业培育的技术瓶颈，如智能制造、新一代信息技术等。

五、《中国制造 2025》

2015 年 5 月，国务院出台了《中国制造 2025》指出要按照"四个全面"战略布局要求，实施制造强国战略，加强统筹规划和前瞻部署，力争通过三个十年的努力，到中华人民共和国成立一百年时，把我国建设成为引领世界制造业发展的制造强国。推进信息化与工业化深度融合，把智能制造作为两化深度融合的主攻方向；着力发展智能装备和智能产品，推进生产过程智能化，培育新型生产方式，全面提升企业研发、生产、管理和服务的智能化水平。

第五节 政策环境对行业影响

一、《电子商务法》出台，法律体系完善助力行业发展

在互联网、大数据等新一代信息技术的驱动下，电子商务向生产、流

通、消费等各个环节快速渗透，成为一种极具活力的新型经济形态。与此同时，网络销售中的无序竞争、虚假促销、监管乏力等方面问题也逐渐暴露出来。2000 年第一次提案，2018 年正式出台，历经 18 年《电子商务法》获得通过，于 2019 年 1 月 1 日起正式实施。

《电子商务法》从法律层面对国家、企业、消费者等多元主体在电商领域中的各自行为角色作出了明晰的界定，阐述了相应的法律关系，并对权利和义务的具体内容作出了详细的规定，将为电子商务经营者创造公平的市场竞争环境。例如，《电子商务法》规定："国家平等对待线上线下商务活动"，确立了电商行业的市场平等主体地位。

综上，《电子商务法》作为首部针对电商行业制定的专门法律，客观地考虑了电商出现和快速发展给市场竞争带来的变化，融合了维护公平竞争秩序、促进产业良性发展和提升全球化经营水平等多重目标，标志着流通法律体系建设迈出了重要一步，将对今后电商行业的发展产生深远影响。

二、智能化提升商务效率，形成行业增长新动能

2015 年起，我国多政府部门频繁在相关政策文件中提及"人工智能""智能制造""互联网+大数据"等字眼，2016 年是智能商务政策出台元年，2017 年是智能商务政策及相关配套措施落地元年，2018 年是智能商务政策及相关配套措施加速落地的一年。

在智能商务加速推进的过程中，大数据积累及智能化运用成为企业深挖消费需求进而推动供需精准匹配的技术途径。未来，电子商务行业将通过线上赋能线下、通过数据联动提升效率成为行业加速增长的新动能。互联网聚集了海量的消费者信息，通过对大数据算法的开发运用，可以高效识别市场的真实需求和潜在动态，实现精准营销、智能推荐以及自有品牌产品的开发等，这一现象体现在诸多大型电商平台及线上零售商的切实行动及战略部署中。例如，阿里巴巴依托自身积累的大量消费数据及其数字化能力赋能线下智慧门店，通过全面勾画用户"画像"进行以消费者为中心的人、货、场重构，并以此为依据优化商品组合；京东通过开放大数据能力，帮助合作品牌的线下门店进行数字化改造，将大数据应用于智能选址、选品、补货、定价等，精准洞察和应对消费需求。

　　总体来看，电商企业利用智能商务技术赋能线下零售，出现一些新的特征：一是速度加快，合作范围扩大；二是努力打破以往只将线下作为补充渠道的做法，实现各展其长、平等合作、深度融合、共享双赢；三是数据联动不仅将重构线上与线下零售之间的互动关系，而且将通过消费数据的整合与共享从整体上提升流通效率。

第二章 中国商务发展概述

第一节 商务的定义

商务（Commerce），通常是指通过货币进行的商品和服务的交换。狭义来讲，商务即指商业或贸易；广义来讲，商务是指一切与买卖商品服务相关的商业事务。

第二节 商务行业发展历程

一、商务 1.0 时代——传统商务

1. 传统商务定义

传统商务（Traditional Commerce）由来已久，尤其是货币的出现、社会的进步使商品或劳务贸易由先前的直接易货进入更加规范和高级的阶段，但贸易运作的精髓和核心仍是双方或多方关于商品或劳务的贸易交换过程。

传统商务是指主体间利用书面单据、现金等传统结算方式进行的直接交易活动，大多以"面对面"式的交易为主。

2. 传统商务模式

（1）店铺模式（Shopkeeper Model）。店铺模式是最古老也是最基本的

商业模式，从人类社会出现集市，有了固定的人群居住地开始就有了店铺模式，其主要以服务业为主，需要人性化的服务和各种促销手段来完成产品和服务的销售。店铺模式的核心即为在有潜在消费群体的地方开设店铺。

（2）搭售模式（Bait and Hook Model）。也被称为"饵与钩"模式、"剃刀与刀片"模式。该模式出现于20世纪早期，其定价策略是基本的产品定价低，甚至亏损，但是与之相关联的消耗品或者服务的价格却十分昂贵。

（3）硬件+软件模式。苹果以其独到的iPod+iTunes商业模式创新，将硬件制造和软件开发进行结合，以软件使用增加用户对硬件使用的黏性，并以独到的iOS系统在手机端承载软件，消费者在硬件升级时不得不考虑软件使用习惯的因素。

（4）其他模式。20世纪50年代，新的商业模式是由麦当劳（McDonald's）和丰田汽车（Toyota）创造的；20世纪60年代的创新者是沃尔玛（Wal-Mart）和混合式超市（Hypermarkets，指超市和仓储式销售合二为一的超级商场）；20世纪70年代，新的商业模式则出现在联邦快递（FedEx）和玩具反斗城（Toys "R" Us）的经营里；20世纪80年代是百视达（Blockbuster）、家得宝（Home Depot）、英特尔（Intel）和戴尔（Dell）；20世纪90年代则是西南航空（Southwest Airlines）、网飞（Netflix）、易趣（eBay）、亚马逊（Amazon）和星巴克（Starbucks）。随着科学技术的不断发展，商业模式也有了多样化趋势，互联网的免费模式就是其中的典型代表。

3. 传统商务流程

（1）交易前准备。供应方营销策略主要是通过报纸、电视、户外媒体等形式，实现与消费群体需求信息的对接。

（2）贸易磋商过程。使用传真、邮寄等方式实现纸面贸易单证的传递过程，有时采用口头协议的方式。

（3）合同与执行。签订书面形式的商贸合同。

（4）支付过程。支付过程以支票和现金为主。

4. 传统商务特点

（1）顾客（用户）能够享受全方位的感官体验。传统商务模式中主体间的直接交流有利于信息畅通，清晰表达并能够及时交换双方的交易意愿，反之，传统商务的交易活动很大程度上又容易受到时间、空间的约束，不仅不能随时随地发生购买行为，而且不能在较短时间内涉猎丰富的商品信息。

（2）交易载体应用广泛，交易明朗透明。传统商务的交易活动中发票、合同、单证等书面票据作为交易载体应用广泛，交易明朗透明，给消费主体提供了良好的维权凭证，消除了消费群体对于网络虚拟的顾虑。

二、商务 2.0 时代——电子商务

1. 电子商务定义

电子商务（Electronic Commerce）是利用计算机技术、网络技术和远程通信技术，实现整个商务（买卖）过程中的电子化、数字化和网络化。

通俗定义：电子商务是指利用互联网为工具，使买卖双方不谋面地进行各种商业和贸易活动。它是以商务活动为主体，以计算机网络为基础，以电子化方式为手段，在法律许可范围内所进行的商务活动过程。同时要运用数字信息技术，对企业的各项活动进行持续优化的过程。

电子商务是一个不断发展的概念，电子商务的先驱 IBM 公司于 1996 年提出了 Electronic Commerce（E-Commerce）的概念，到了 1997 年，IBM 公司又提出了 Electronic Business（E-Business）的概念。但我国在引进这些概念的时候都翻译成电子商务，很多人对这两者的概念产生了混淆。事实上这两个概念及内容是有区别的，E-Commerce 应翻译成电子商业，有人将 E-Commerce 称为狭义的电子商务，将 E-Business 称为广义的电子商务。E-Commerce 是指实现整个贸易过程中各阶段贸易活动的电子化。E-Business 是利用网络实现所有商务活动业务流程的电子化。E-Commerce 集中于电子交易，强调企业与外部的交易与合作，而 E-Business 则把涵盖范围扩大了很多。

2. 电子商务发展阶段

中国电子商务发展的第一阶段：电子商务平台的建立，最初可以看到的是马云等创办的中国黄页，把各个企业的信息都搬到网上去，让买家通过中国黄页来看到各个企业的信息，从而看到他们的需求。

中国电子商务发展的第二阶段：中国电子商务平台的建立，及其各类 B2B、传统的 B2C、新型的 C2C，如淘宝、有啊等电子商务平台的建立。

中国电子商务发展的第三阶段：随着网购及其网商的不断扩展，网络诚信体系的不断建立，支付手段不断完善。

中国电子商务发展的第四阶段：订单中心的出现，通过七到十年网商网购交易量的不断扩展，一方面带动了网商或者网上商城订单溢出导致的订单处理外包；另一方面带动了城际物流以及城市内配送中心的发展。

中国电子商务发展的第五阶段：CE2B 平台（为 C2B 平台的完善）的建立。C2B 和"购物专家"结合而成的 CE2B 是一个完善的买方市场平台，现代市场由卖方市场逐步向买方市场转移。

中国电子商务发展的第六阶段：全民性公平竞争合作的价值平台的建立。该网上平台的建立会彻底改变传统的办公模式，一般性的公司组织结构将会被打破。人们都会成为 SOHO 一族，共同参与到一个公平合作竞争的价值平台上来，真正的地球"平坦化"开始体现。

3. 电子商务运营模式①

电子商务可以分为企业（Business）对企业（Business）的电子商务（B2B）、企业（Business）对消费者（Customer）的电子商务（B2C）、消费者（Customer）对企业（Business）的电子商务（C2B）、消费者（Customer）对消费者（Customer）的电子商务（即 C2C）、线上（Online）到线下（Offline）的电子商务（即 O2O）五种常见主要模式，具体如下：

（1）B2B 模式。主要是针对企业内部以及企业（B）与上下游厂商（B）之间的信息整合，并在互联网上进行的企业与企业间交易。借由企业内部网（Intranet）建构信息流通的基础，及外部网络（Extranet）结合产业的上中下游厂商，达到供应链（SCM）的整合。因此通过 B2B 的商业模式，不仅可以简化企业内部信息流通的成本，还可使企业与企业之间的交易流程更快速、更减少成本的损耗，其代表是阿里巴巴电子商务模式。

（2）B2C 模式。指企业通过网络销售产品或服务给个人消费者。企业厂商直接将产品或服务推上网络，并提供充足信息与便利的接口吸引消费者选购，这也是目前最常见的方式。如网络购物、证券公司网络下单、一般网站的资料查询等，都是属于企业直接接触顾客的方式，其代表是亚马逊电子商务模式。

（3）C2B 模式。将商品的主导权和先发权由厂商转移至消费者。传统的经济学概念认为，一个产品的需求越高，价格就会越高，但由消费者因

---

① 电子商务运营模式［EB/OL］. 百度百科, https：//baike. baidu. com/item/电子商务经营模式/10318897? fr＝aladdin.

议题或需要形成的社群，通过社群的集体议价或开发社群需求，只要越多消费者购买同一个商品，购买的效率就越高，价格就越低，这就是 C2B 的主要特征。C2B 的模式强调用"汇聚需求"（Demand Aggregator）取代传统"汇聚供应商"的购物中心形态，被视为是一种接近完美的交易形式。

（4）C2C 模式。主要通过为买卖双方提供一个在线交易平台，使卖方可以主动提供商品上网拍卖，而买方可以自行选择商品进行竞价，其代表是 eBay、淘宝电子商务模式。

（5）O2O 模式。主要指商家通过免费开网店将商家信息、商品信息等展现给消费者，消费者在线上进行筛选服务并支付，线下进行消费验证和消费体验。一方面，通过线上线下结合既能极大地满足消费者个性化的需求，也节省了消费者因在线支付而没有消费的费用；另一方面，商家通过网店信息传播得更快、更远、更广，可以瞬间聚集强大的消费能力，其代表是美团电子商务模式。

4. 电子商务发展现状

电子商务的快速发展源于 20 世纪 90 年代，经过二十多年的快速发展，电子商务行业走过了从电子商务技术、电子商务服务到电子商务经济的发展道路，经历了从具体的技术应用发展到相关产业的形成，并通过创新与协同发展融入国民经济的各个组成部分的发展历程中。当前，电子商务经济已经形成了从商品交易、资金传输、商务活动、供应链体系建设，到商业发展、产业链体系和产业集群形成的发展模式。作为交易平台，蓬勃发展的互联网已使电子商务成为重要的分销渠道，越来越多的传统企业进入电子商务领域，网购已经飞入寻常百姓家，电子商务凭借低成本、高效率的优势，将成为经济增长的新动力。

当前中国电子商务发展正在全速前进。截至 2018 年初，70.6% 的网民在一个季度内在淘宝、京东这类网站上有过购物，截至 2019 年初，网店正在快速增长，其涨幅为 2%[①]。电子商务的大发展大繁荣，对于中国经济无疑是一个新的增长点。

（1）电子商务交易额分析。根据国家统计局数据显示，2018 年全国电子商务交易额达 31.63 万亿元，同比增长 8.5%（见图 2-1），其中，商品、

---

① 庄丽，李晓聪，盖立庭. 中国电子商务发展现状面临的问题及对策研究 [J]. 价值工程，2019，38（1）：36-38.

服务类电子商务交易额 30.61 万亿元；另外，以电子合约为交易对象的合约类电子商务交易额为 1.02 万亿元。

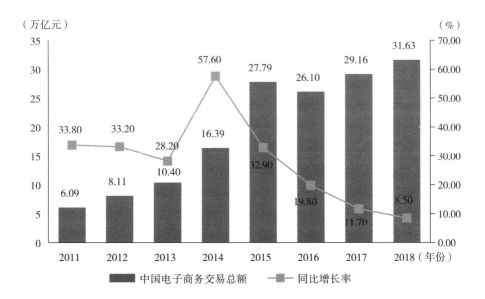

图 2-1　2011~2018 年中国电子商务交易总额及增长率

资料来源：国家统计局、商务部历年《中国电子商务报告》。

（2）电子商务网上零售额分析。根据国家统计局数据，2018 年全国网上零售额 9.01 万亿元，同比增长 25.49%（见图 2-2）。另据中国互联网络信息中心数据，截至 2018 年 12 月，我国网络购物用户规模达 5.33 亿，较 2016 年增长 14.3%，占网民总数的 69.1%；手机网络购物用户规模达到 5.06 亿，同比增长 14.7%，使用比例从 63.4% 增至 67.2%。

（3）B2B 电子商务市场规模。中国电子商务研究中心统计数据显示，2018 年上半年，中国 B2B 电商交易规模为 11.2 万亿元（见图 2-3），相比 2017 年上半年的 9.8 万亿元同比增长 14.3%。

2018 年上半年，B2B 电商市场实现稳步增长。随着企业用户消费习惯逐渐转移至线上，加之 B2B 电商的在线服务趋向标准化和产业链化，为 B2B 迎来了新的机遇。随着 B2B 平台为中小企业提供信息化管理搭建服务的兴起，解决了中小企业信息化水平落后的障碍，加上物流水平快速发展、支付系统日渐完善，B2B 将实现突破性发展。

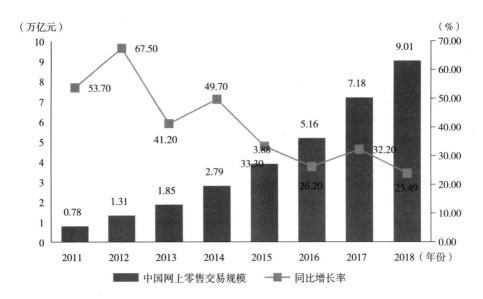

图 2-2 2011~2018 年中国网上零售交易规模及增长率

资料来源：国家统计局、商务部历年《中国电子商务报告》。

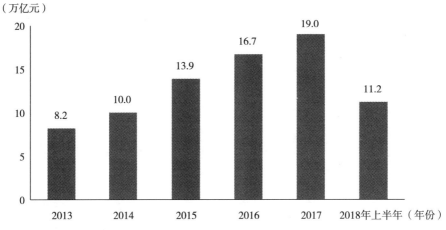

图 2-3 2013~2018 年上半年中国 B2B 市场交易规模变化趋势

资料来源：中国电子商务研究中心、中商产业研究院。

当前，B2B 电商在很多垂直细分领域仍是蓝海。由于大宗商品交易具备交易金额巨大、价格波动频繁等特点，大宗电商率先崛起。供应链金融能有效解决 B 端交易应收账款问题，减轻中小企业资金压力，解决企业痛点。

（4）跨境电子商务进出口分析。2018 年 8 月，国务院出台了《国务院关于同意在北京等 22 个城市设立跨境电子商务综合试验区的批复》（国函〔2018〕93 号），全国范围内增设 22 个跨境电子商务综合试验区。政策持续加持促进行业发展，跨境电商成为外贸新增长点，进出口市场近年来在国内消费升级的背景下，巨大的市场需求促使跨境电商得到快速发展。此外，跨境电子商务在 B2B、B2C 等多个方向均呈现出活跃发展态势，产业规模和辐射带动领域不断扩大。根据中国海关总署统计数据显示，2018 年，通过中国海关跨境电子商务管理平台零售进出口商品总额 1347 亿元，同比增长 49.27%（见图 2-4）。

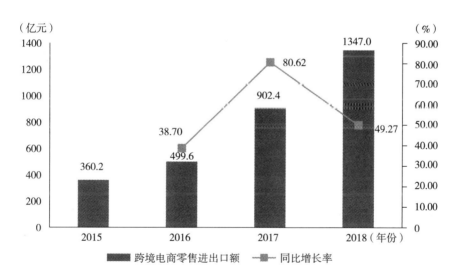

图 2-4　2015~2018 年中国海关跨境电子商务管理平台零售进出口额

资料来源：中国海关总署。

（5）非银行支付机构网络支付分析。根据中国互联网络信息中心数据显示，截至 2018 年 6 月，中国使用网上支付的用户规模达 60000 万人（见

图 2-5），与 2017 年相比增长 6890 万人，年增长率为 12.97%。近年来，随着智能手机技术的快速完善，人们对手机依赖度的提高，越来越多的工作娱乐交易等都可以在手机上完成。2018 年，我国手机网络支付用户规模为 5.83 亿人，年增长率为 10.7%。目前，移动网络支付市场呈现出两大龙头竞争局面，同时也有新进入者开始搅局。在线下消费使用手机支付的用户中，微信和支付宝的使用率分别为 95.6% 和 78.1%。

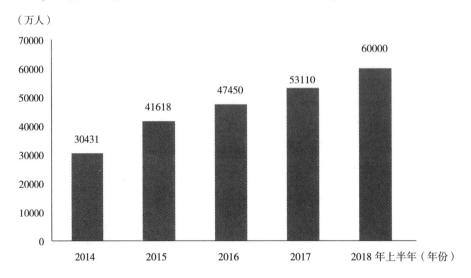

（万人）

图 2-5　2014~2018 年上半年中国网络支付用户规模

资料来源：CNNIC。

5. 电子商务发展趋势

电子商务在经历了借助电话、传真完成的传统电子商务，借助增值网完成的 EDI（Electronic Data Interchange）电子商务，通过浏览器完成的互联网电子商务三个阶段之后，正朝着智能化方向发展。智能化电子商务是借助互联网、物联网、大数据以及数据挖掘技术、人工智能技术实现商务信息的自动智能处理，由电子商务服务平台、运营商推出的智能电子商务应用主要有以下三类：

一是智能电子商务交易。自治智能 Agent 系统能够 24 小时在网络上活动，按照委托人设定好的范围与规划，自动搜集、整理分析资料，自动出价等，帮助交易双方自动完成交易。互联网将向用户"推送"商品和服务，而不是用户在网上"搜索"商品和服务。

二是个性化智能推荐。一方面，面对众多电商网站以及网站的海量信息，消费者无所适从；另一方面，电商企业面向海量用户群建立自己的生态圈以吸引用户，通过分析师对一系列数据行为的精准分析，更准确地理解用户的行为和习惯，得到用户需求的精准信息，通过用户需求的精准信息提供精准的广告服务和商品服务。基于大数据分析的个性化智能推荐技术能够帮助客户找到所需的商品和信息，帮助电商企业将浏览者变为消费者。

三是企业内部商务智能化。随着竞争环境、商务模式的变化，企业内部商务智能化需求显得异常迫切。企业内部商务智能化是建立在数据仓库、多维分析和数据挖掘等相关技术基础之上的，提供使企业能够迅速有效分析数据的技术和方法，包括收集、管理和分析数据，将这些数据转化为有价值的信息。智能化的实质是将海量、无序数据转换为情报、知识的过程。

中国电子商务经过20多年的发展，新趋势越来越明显，随着智能时代的到来，必将开启中国电子商务发展的新篇章。

三、商务 3.0 时代——商务智能

1. 商务智能定义

商务智能（Business Intelligence，BI）概念的提出可追溯至 1958 年，通常将其视为把企业现有数据转化为知识，帮助企业作出明智的业务经营决策的工具，过去的商业智能不能给出决策方案，也不能自动处理企业运行过程中遇到的问题。借助于人工智能与其他相关学科的技术进步，现代商业智能已能在特定场景实现商业经营的智能化与自动化。

2. 商务智能发展阶段

商务智能市场的发展经历了三个发展阶段，即传统 BI 阶段、大数据 BI 阶段和智能 BI 阶段。目前，针对企业的不同需求，商务智能发展的三个阶段处于并行发展时期。

传统 BI 主要的作用是实现了企业的数字化办公和企业内部的数据整合，不涉及数据分析，以报表自动化展现为主。

大数据 BI 即伴随着大数据技术的发展，BI 能够对企业内部市场和外部市场的海量数据进行整合，应用范围拓展至外部市场。

智能 BI 是指企业数据量进一步扩大，且存在大量非结构化数据，BI 将通过人工智能技术进行数据分析和应用，并将覆盖领域拓展至全行业数据。

3. 商务智能技术介绍

（1）数据仓库技术。数据仓库是一个用于查询和分析的关系数据库，通常存储来源于交易数据的历史数据，也可以存储来自其他来源的数据。数据仓库技术通过分析使得一个组织能够整合来源于不同数据源的数据。除了一个关系数据库，数据仓库通过在线分析处理（OLAP）引擎、客户分析工具等其他应用程序在管理的过程中收集数据、提取、运输、转换并加载数据，以寻求解决方案并提供给用户[①]。

（2）OLAP 技术。数据库技术不断发展的同时，数据库存储的数据量也不断增大，OLAP 技术（联机分析处理技术）是使用户能够便捷而且选择性地提取，并从不同方式来看数据的一种计算机处理过程。OLAP 软件可以定位维度的交叉点并显示它们的属性，如时间段可以被细分为很多子属性。使用 OLAP 技术能够让他们更方便地了解企业现在的经营状况，掌控目标需要，制订合理的决策方案[②]。

（3）数据挖掘技术。数据挖掘指从海量的、不全面的、有噪声的、笼统的、随机的数据中通过算法提取隐藏于其中的、预先不知晓的但又有用的并且有价值的信息和知识的过程。数据挖掘从不同角度分析数据并将它们汇总成有用信息，有用信息即可以用于增加收入、减少成本或者两者兼有的信息[③]。

4. 商务智能应用价值

（1）产品销售管理。它包括产品的销售策略、销售量分析、影响产品销售的因素分析及产品销售的改进方案预测，通过系统存储的产品销售信息建立销售模型，分总体销售模型和区域、部门销售模型。对产生不同结果的销售模型分析其销售量和销售策略，进行销售影响的因素分析和评估，根据不同的销售环境对相应的产品销售方案进行产品上架和下架计划，提高企业营销额。通过历史数据分析，还可以建立提高销售量的预测模型。

（2）异常处理（Management by Exception）。它是商业智能数据挖掘应

①②③ 聂迪. 商务智能的发展和应用 [EB/OL]. 百度文库，https：//wenku.baidu.com/view/14cb22aff524ccbff12184d9.html.

用的典型事例，由于能实时而持续地计算各种绩效目标，商业智能系统可以监测其与计划目标的偏差。当偏差过大时，系统在第一时间以各种通信方式，比如电子邮件，将偏差状况通知企业责任主管，从而降低企业风险，提高企业收益，其具体应用有信用卡分析、银行及保险等行业的欺诈监测等。

（3）事实管理（Management by Fact）。无论目标管理或例外管理，背后支持的力量皆来自于事实。维持企业营运的 ERP 系统在每日的交易之中，积累了无数的事实与知识。商业智能系统将企业目标、例外与事实相结合，使管理者能够进一步分析原因或趋势，查询并探测相关信息。在信息缺乏的年代，管理层更多依靠个人经验和直觉进行管理，制定决策，而在知识经济时代，企业必须实施事实管理，不靠幻想与感觉，在了解企业每日商务情况的基础上，利用商业智能进行科学决策。

（4）客户关系管理（CRM）。顾客是企业生存的关键因素，对企业来说，进行客户关系管理（CRM）是一项重要的工作。通过商业智能的客户关系管理子系统，企业可以分析顾客消费习惯和消费倾向，提高顾客满意度，进而采取相应对策增强顾客保持力，培养忠实顾客，维持良好的客户关系。

5. 商务智能发展趋势

在 BI 市场未来发展趋势方面，BI 市场研究权威机构 BI Intelligence 在其研究报告《BI：2016 年 25 大趋势》中列举了物联网、数字媒体、移动、金融科技和电子商务等领域的 BI 25 大发展趋势。未来 BI 的发展趋势将继续在物联网、移动商务、区块链、智能交互、精准分析等方面发力，并且将加大跨领域合作、用户体验、信息安全等方面的投入①。

（1）可解释型 AI 日益崛起。随着企业越来越依赖于人工智能和机器学习模式，AI 必须得到信任才能产生最强大的业务影响，其生成的结论必须简单易懂、具备可行性且易于理解，才能帮助人们更好地理解数据。对透明度的需求促进了可解释型 AI 的崛起。

（2）自然语言让数据更加人性化。当前，商业智能供应商纷纷将自然语言处理（NLP）纳入自己的平台，从而为可视化提供一个自然语言界面，使每位用户都可以像人际交流一样与其数据进行交互，提出更深层次的问题。因此，自然语言处理技术正在不断演化以促进分析会话，系统通

---

① BI Intelligence. 25 big tech predictions for 2016［J］. 价值工程，2019，38（1）：36-38.

过对话的上下文，理解用户的查询意图并深化对话，从而创造更自然的对话体验，将打破各个组织采用分析的障碍，并促使工作场所进一步转变为数据驱动的自助式操作空间。

（3）结合上下文分析数据来为行动提供指导。商业智能平台目前已演化至能够将数据置于实际操作环境中进行考量。数据处理者需要在同一个工作流程中访问数据并执行操作，商业智能平台供应商提供移动分析、嵌入式分析、仪表板扩展和 API 等功能来应对这些需求。嵌入式分析通过将数据和见解放在人们工作的环境中，使数据处理者无须打开另一个应用程序或共享服务器，而仪表板扩展则可以将需要访问的其他系统直接引入当前仪表板。无论用户身处何处，都可使用移动分析访问数据，并向不同的业务团队和行业按实际需要提供符合具体环境的数据。

（4）数据管理融入现代商业智能平台。随着数据源变得更加多样和复杂，以及更多的工作人员使用数据来推动决策，数据管理比以往任何时候都更加重要。企业转而采用数据监管措施，包含捕捉、清理、定义和排列不相关数据，以填补数据与实际应用之间的空缺。数据监管工具和流程（如数据目录和语义管控）如今正在与商业智能平台融合，将数据与业务环境关联起来，实现大规模的管控。最终，受管控的数据监管将为整个分析管道提供更坚实的基础，帮助用户越过针对数据提出问题，直接针对业务提出问题。

（5）加速进行的云数据迁移推进现代商业智能的采用。革新数据策略时，必须考虑数据的存储位置。对于许多企业而言，考虑将数据迁移至云端可以在降低总拥有成本的情况下，提高灵活性和可扩展性。随着企业加速将数据迁至云端，分析自然随之而来，这都源于"数据引力"：这个概念表明，服务和应用程序会受到数据所在位置的吸引。这促使企业领导者从传统商业智能平台转向现代商业智能平台，评估他们选择的商业智能平台是否支持向全面云分析的过渡。并非所有企业都为这种迁移做好了准备，不过在 2019 年，将有更多企业试验混合解决方案，以同时利用多种数据源和云储存的优点。

第三章 物流、商流、信息流和资金流在中国商务活动演变中的变化和关系

第一节 从商务活动的演变看物流、商流、信息流和资金流的演变发展

一、电子商务时代物流、商流、信息流、资金流的变化

电子商务作为一种新的经济运行方式，信息技术的创新正在改变着习以为常的经营之道。电子商务依托信息技术、网络互联技术和现代通信技术，改变了传统商务运营模式，把商务活动中的人员流动、纸张流动和货币流动都逐步改变为电子信息的流动，从而大量减少了人、财、物的流动，降低了商务劳动成本，而且由于电子信息能及时传遍全世界，从而大大减少因信息不灵造成的商品积压，提高商品的产销率。电子商务的发展给供应链带来的变革，主要表现在供应链扁平化、零库存、物流平台化整合、商流地位弱化、信息流范围和效率提高以及资金流效率提升等方面。

1. 供应链扁平化

传统供应链是一个相对固定封闭的线性思维，从供应商到终端消费者的链条很长，每一个环节都很重要，每一个环节的缺失或者不配合都会导致信息流、物流和资金流的断裂。传统供应链往往会围绕着链条中的一个

核心企业展开，尤其是生产制造型企业，强势的链主地位往往导致了链条中的"不平等"现象出现，同时链条漫长、环节众多、反应迟缓、服务意识差等特点导致这样的供应链无法聚焦和挖掘终端消费的真实需求。随着电子商务技术、规模、平台的日趋成熟，传统的供应链链条正在经历扁平化和去中心化，企业和众多供应链上各个环节和要素直接对接，进而缩短了供应链和客户之间的距离，全方位地接触消费者，探知消费者需求，同时供应链能够迅速、定制、低成本地满足其需求。

2. 供应链零库存

在传统的供应链模式下，企业供应链存在一些问题：管理观念淡薄，供应链节点企业之间缺乏合作和协调性；信息网络共享程度低，信息传递滞后；物流专业化、标准化程度不高等问题。供应链各环节中的企业为了应付各种不确定性因素，都设有一定量的安全库存，致使原材料过剩，组件零部件过剩以及产品过剩。

互联网电子商务模式通过预先的需求引导、数据分析，基本可以实现以销定产的模式。如小米手机通过预售模式，让用户预先支付一部分货款，统筹生产，做到在预定的期限内生产供应的产品完全脱销，免去了工厂存货、分销存货等中间存货以及末端仓储环节，整个供应链链条上几乎可以做到零库存。

3. 物流平台化整合

随着电子商务规模化呈爆发式增长，传统物流模式严重阻碍了供应链短、平、快价值转换，有实力的企业财团花费巨资投入物流领域，物流资源开始大规模增长和快速整合。平台化物流整合方向是提供通关、金融、物流、退税、服务等全球化综合供应链服务平台。这种模式会逐渐挤压掉传统零售购物商城、仓储式大卖场的生意模式，随着个人用户消费体验的改善和新的生活习惯的演变，未来能够提供综合物流服务的平台将逐步替代传统的仓储、配送。同时，物流正从自有走向公共服务，早期很多制造商、销售流通企业都自建仓储设施、配置自有车辆和司机。第三方物流公司出现后，不仅实现了规模经济和专业性，还促进了专业分工——生产和销售商可以将物流外包出去，自己更加专注于核心价值的创造。在电商物流方面也有同样的趋势：亚马逊推出的 FBA（Fulfillment by Amazon）服务、京东的开放物流，都是把专业的第三方物流服务覆盖到客户端，实现了规模经济和效率的提升。

4. 商流地位弱化

传统商流的过程烦琐，买卖双方先要开展一系列交易活动，如商务谈判、签订合同、交付订金等，存在各种物流和商务、资金流错综复杂的关系。产品的所有权多次易手，商流曲线迂回，反复地发生商品价值形态的变化，而电子商务的交易模式由于本身交易环节简单、周期短，直接导致原有的各种风险荡然无存，交易过程透明、简单，买卖双方省去了烦琐的商流过程。

5. 信息流范围和效率提高

电子商务信息凭借电子化和网络化进行生产、存储、传递和管理，具有数字化、网络化、信息标准化、智能化、互动化、直接化和透明化等特征。相比于传统的商务流通模式，由于技术手段的局限，信息流的功能完全是服务性和管理性的，商务活动绝大部分依靠手工操作，大大降低了商流的效率，而以计算机和互联网为活动平台的电子商务，使得市场调查、商业合同的签订、订单的处理等商流活动转化为信息流进行处理，实现无纸化贸易。人们可以通过电子数据系统签订电子合同；通过电子订货系统采购商品；通过销售终端进行销售等。交易的过程无须买卖双方面对面地进行，通过计算机网络的信息处理即可完成，实现了信息流对商流的工具性替代，改变了商流活动的传统运作方式，使信息功能作用发生了质的改变。

同时，电商中的产品信息主要是通过网络传播，文案、海报、视频等均为信息流的载体。如在淘宝购物时，会看到品牌、价格、产地、成分等很多与产品相关的信息，其中吸引客户购买的"卖点"会被商家放在显眼的位置；功能型的产品还会配有视频展示，最终目的是充分展示产品优点，给消费者最完美的解说，从而引起消费者的购买欲望。在 PC 互联网时代，搜索引擎可以借着爬虫软件在网页上抓取信息。但到了移动互联网时代，很多信息藏在了应用里，虽然不能利用搜索引擎将每个 APP 里的信息轻松"爬出"，但是在这股潮流中涌现出一些新的应用，让我们能够重新定义信息的源头。

6. 资金流效率提升

随着电子商务活动的出现，传统的支付方式因过程复杂、时空受限、现金携带不便等缺陷受到各方诟病。与此同时，具有方便、快捷、经济、高效等特点的电子支付方式开始出现并受到市场的热捧。电子支付适应电子商务活动的需要而出现并不断推陈出新，在电子商务活动过程中发挥了不可替代的重要作用。电子支付是电子商务发展中资金流的重要组成部分，是实现网上购物与实时支付的关键所在，电子支付方式的广泛运用，为电子商务的发展提供更多的可能性和更广阔的市场，对加速电子商务的发展产生了深远的影响。以第三方支付为例，消费者和商家需要在第三方支付平台中开设账户，当第三方支付平台收到消费者的款项后，商家发货，直到消费者验收商品后，第三方支付平台才将款项支付给商家。第三方担保的支付方式，有效降低了电子商务中的交易风险，让消费者和商家都能够放心使用。由于第三方支付的安全性和方便性，使其成为电子商务活动中数量最多的支付方式，且已融入传统商业模式中，如支付宝、微信、PayPal 等，已经成为人们日常生活中不可或缺的一环。此外，金融体系的创新也解决了一部分资金问题，通过向银行借款，而不是靠人情、靠"刷脸"，资金流动变得更有效率。互联网金融出现后，进一步简化了程序，降低了借贷门槛。

二、人工智能时代物流、商流、信息流、资金流的变化

随着科学技术和经济社会的快速发展，人工智能的应用越来越普遍，从网购、物流、支付以及虚拟货币等方面都提出了很多先进的应用理念，很多已经落实应用，它的出现极大地改进了人们的工作和生活方式。目前，人工智能采用的主流技术主要涉及机器学习和人机交互。机器学习（Machine Learning）是计算机科学的一个分支，也可以认为是模式识别或人工智能、数据挖掘（Data Mining）、概率论、统计学（Statistics）等多个学科的交叉学科，机器学习在电商领域的应用主要体现在以下几个方面：

1. 人工智能助手促进电商建立更好的客户关系管理

人工智能助手（聊天机器人），其主要功能是自动回复顾客问题，对简单的语音指令做出响应，并通过采用自然语言处理系统提供产品推荐。电子商务网站和移动端页面上的聊天对话框正是基于机器学习的算法，将其编程为以个性化方式与客户通信。聊天机器人能够帮助消费者找到合适的产品，检查产品供应情况，并比较各种产品，最后帮助消费者付款；如

果有任何投诉或疑问，聊天机器人也可以帮助客户联系相应的服务人员。消费者可以通过文字，语音甚至图片与这些机器人进行"交谈"。2017年3月，阿里巴巴发布了人造智能服务机器人"Shop Xiaomi"，即是淘宝商家的聊天机器人，其经过商家授权和调试后，聊天机器人可以取代一些客户服务，从而减少了人工客户服务的工作量，同时能够增添个性化风格①。

2. 搜索引擎驱动信息流打通内容生产和消费

推荐引擎是建立在机器学习算法框架基础上的一套完整的推荐系统。使用 AI 算法可以实现海量数据集的深度学习、统计编程和预测、分析顾客行为，并利用算法预测哪些产品可能会吸引顾客。首先根据潜在客户最近的搜索，推荐引擎中的机器学习算法，并能够根据计算结果记录被搜索产品的关键细节，然后推荐引擎为浏览器生成适合的建议，并将其列在个人页面上，最终帮助消费者快速找到所需产品。降维算法的应用开启了人工智能对推荐系统的改造，人工智能对推荐系统最深刻的变革，就是不再把推荐系统看作是独立的推荐结果组合，它是整个人机交互行为，通过引入时间维度来实现系统和用户的动态维度②。许多电商公司如亚马逊、阿里巴巴淘宝网、京东商城等都使用推荐引擎来识别其产品的目标受众。

3. 智慧物流大大提高服务质量和运营效率

智慧物流是指：利用信息技术使装备和控制智能化，从而用技术装备取代人的一种物流发展模式。与传统物流模式相比，智能物流可以大大提高服务质量和运营效率。智慧物流的概念最早由 IBM 公司在 2009 年提出。最初，IBM 公司提出建立一个通过感应器、RFID 标签、制动器、GPS 和其他设备及系统生成实时信息的"智慧供应链"③。人工智能最直接的影响是后端供应链和物流链接，面对快速变化的需求和竞争市场，预测库存并非简单，而人工智能和深度学习的算法可以在订单周转预测中派上用场，可以确定订单周转的关键因素。机器学习系统的优势在于它们可以随着时间的推移不断学习而变得更加智能，使商家预测库存需求变得更加准确。目

① 林剑宏．浅析人工智能技术在电子商务领域中的应用［J］．中国商论，2019（2）：19-20.

② 王天一．人工智能革命：历史，当下与未来［M］．北京：北京时代华文书局，2017.

③ 杨爱喜，卜向红，严家祥．人工智能时代：未来已来［M］．北京：人民邮电出版社，2018.

前，在智能物流仓储领域，阿里巴巴和京东都已经发布了无人值守的自动化智能存储系统。

4. 人工智能技术解决最优定价问题

当前的电商行业正在蓬勃发展，即使对于小规模库存的在线零售商，长期持续的价格调整也是很大的挑战。利用能够快速处理大数据的人工智能技术，已基本能够解决大量产品的自动定价问题①。对产品的评分、物流、价格和服务质量都会影响最终的综合排名结果。因此，对于商家而言，最优定价非常困难，而这种需要深入研究的定价问题正是人工智能所擅长的。通过先进的深度机器学习算法，人工智能技术可以持续评估市场动态并改变竞争环境以解决最优定价问题。

5. "算法革命"对信息流的影响——以手淘 APP 为例

随着手淘 APP 的逐步推广，其"猜你喜欢"类的商品信息流呈现大幅提前。在算法新机制下，手淘从人找货的战略转向货找人，更注重算法的千人千面及单品的点击率和转化率，借助精细化运营的力量，把"消费行为"单一的判断维度，丰富、拓展成一个个消费场景，涵盖了人生阶段、消费需求、兴趣爱好等因素的消费场景，是淘宝真正实现"以人为中心"的算法技术的最重要一步。算法机制改变后，原来按照付费获取推广资源位，在首页不同栏目呈现的品牌将减少，取而代之的是按照不同用户的各类"口味"，通过算法推荐各类不同单品信息流，不同的用户所推荐的单品信息流不同。对于商家而言，平台整体流量提升，使商家可获取的流量增多；同时，算法调节后，商家可获取的流量可以更精准地触达目标用户。目前，信息流展示已成为各大 APP 最重要的呈现方式，无论是资讯还是实物商品，尤其是新闻 APP 类，如网易、今日头条、腾讯新闻等，页面呈现已全面信息流化。

人工智能实现了自动挖掘并分析客户数据的功能。未来，通过算法首先会更精准地实现智能营销，用户、数据全知道，每个人除了肉身外，还有一个"数据人"，平台会根据"数据人"的特质，推荐其所需的一切，且随着实体人消费增多，平台得到的"数据人"信息越精准，平台通过算法创造了"数据人"，掌握了实体人的一切。

---

① 盘点：2018 年十大人工智能电商方案［EB/OL］. 网经社，2018-06-26.

第二节 从商务活动的演变分析物流、商流、信息流和资金流的关系

一、传统商务下物流、商流、信息流和资金流的关系

早在人类社会的初期，商品交易就开始了，最初是以物易物，用自己的物品（商品）交换自己所需要的物品，商品所有权的转换是伴随着物流转换而发生的。随着社会的发展和货币的产生，人类的交易链上出现了第一层中介——货币。零售商与消费者之间的商品买卖大都是直接的"一手交钱一手交货"交易，商品所有权的转换仍紧随物流（以货币为中介）。该阶段由于生产力的发展和社会分工的出现，信息流开始表现出来，并开始发挥作用。再后来随着社会分工日益细化和商业信用的发展，出现了专门为货币服务的第二层中介——银行。银行通过提供货币中介服务和货币买卖，物流和资金流开始分离，并产生多种交易方式：交易前预先付款，交易中的托收、支票、汇票，交易后付款如分期付款、延期付款，而在物流和资金流分离的情况下，信息流的作用开始凸显。同时由于物流和资金流的分离带来了风险问题，规避风险则须依靠尽可能多的信息比如对方商品的质量信息、价格信息、支付能力、支付信誉等。在该阶段物流与资金流分离，信息流的作用则日益重要起来。

二、电子商务下物流、商流、信息流和资金流的关系

随着网络技术和电子技术的发展，电子中介作为一种工具被引入生产、交换和销售中，人类开始进入电子商务时代。在电子技术和网络通信技术的支持下，信息流、商流、资金流可以通过计算机和 Internet 通信设备来实现，而物流除少数电子化商品可在 Internet 上完成交易外，其他大量的非电子化商品和服务则必须通过物理方式传输。同时，信息流变化是电子商务时代的重要特征，其贯穿于交易过程的始终，对商品的流通过程

进行控制，从而记录整个商务活动的流程，更多表现在票据资料的流动，是分析物流、导向资金流、进行决策的重要依据。在电子商务模式下，物流、商流、资金流和信息流互为依存、密不可分、相互作用。

1. 物流是电子商务的保障

物流虽然只是商品交易的一个组成部分，但却是商品和服务价值的最终体现。电子商务的最终价值，在于最大程度上方便最终消费者，"以顾客为中心"的价值实现最终体现在物流上。它既是企业保持可持续生产的保障，也是商流价值实现的载体，更是电子商务核心优势的体现。电子商务和物流业具有孪生关系，电子商务的高效运营依赖于物流系统的高效、安全、可靠。在电子商务快速发展的推动下，物流业的新的经营模式出现，即"第三方"物流形式，该物流业的营运方式要求其进一步提升自身的信息化、网络化、电子化，更富有效率地利用计算机通信网络，将物流中心与制造商以及顾客的联结更为和谐、便利，实现分散生产和集中送货，对物流成本有很大程度的降低。

2. 商流是电子商务的载体

商流是一种买卖或者说是一种交易活动的过程，通过商流活动发生商品所有权的转移。如A企业与B企业经过商谈，达成一笔供货协议，确定商品价格、品种、数量、供货时间、交货地点、运输方式等，并签订合同，即商流活动开始了。同时，认真履行合同，则进入物流过程，将货物进行包装、装卸、保管和运输，并伴随着信息传递活动。在商流和物流顺利进行的前提下，则进行到付款和结算环节，即资金流的过程。无论是买卖交易，还是物流和资金流，这三大过程中都离不开信息的传递和交换，没有及时的信息流，就没有顺畅的商流、物流和资金流。没有资金支付，商流不会成立，物流也不会发生。

3. 资金流是电子商务的实现手段

资金流作为电子商务四流中最特殊的一种，是实现电子商务的条件。在电子商务中，网络银行对电子商务有着重要的促进作用，没有资金流的e化，电子商务就非真正意义上的电子商务。在电子商务中，银行是连接生产企业、商业企业和消费者的纽带，起着至关重要的作用，银行能否有效地实现电子支付是电子商务成败的关键，而网上交易分为交易环节和支付结算环节两大部分，其中支付结算环节是由包括支付网关、银行和发卡行在内的金融专业网络完成的。因此，离开了银行，便无法完成网上交易的支付，从而也谈不上真正的电子商务。

4. 信息流是电子商务系统的基础

在电子商务环境下，企业通过对企业的流程重组，利用先进的通信网络技术，建立起通畅的企业信息网络，包括企业内部的信息网和企业外部的信息网，大大加快了企业信息流的流动速度，增加了信息的共享程度，为企业提供高质量的客户服务打下坚实的基础，企业管理的基础就是对企业信息流实施有效控制。信息流的产生伴随着整个业务的流转过程，信息流的不完整将直接影响到物流和资金流的作用结果。因此，信息流平台除了本身包含有价值的信息以外，其更大的价值在于使物流平台、资金流平台得以良好运转，具有基础性和导向性的作用。

因此，在电子商务交易中，商流是动机和目的，资金流是条件，信息流是手段，物流是过程，四个要素密不可分。一方面，物流活动产生大量的原材料供应、产成品消费、并准确反馈物流各环节运作所需要的信息等；另一方面，信息技术的不断进步为信息的及时大规模传递创造了条件，反过来促进物流服务范围的扩大和物流组织管理手段的不断改进，促进物流能力和效率的提高。与此同时，物流的流通又伴随着资金流的发生，资金流的滞胀又是影响电子商务物流发生的重要因素，如在由原材料供应商、零部件供应商、生产商、分销商、零售商等一系列企业组成的供应链中，物流从上游的供应商往下游的零售商流动，资金流从下游往上游流动，信息流的流动则是双向的，而商流是物流、资金流和信息流的起点，也可以说是后"三流"的前提。一般情况下，没有商流就没有发生物流、资金流和信息流的可能。反过来，没有物流、资金流和信息流的匹配和支撑，商流也不可能达到目的。四者之间的有效互动构成了一个完整的电子商务模型。物流过程涉及大量的运筹和决策，包括确定库存水平、选择运输路径、自动导向车的运行轨迹和作业控制、自动分拣机的使用，以及物流中的经营管理的决策支持系统等。所有这些问题，都需要依据大量的、现代化的知识尤其是信息技术予以解决。

三、商务智能下物流、商流、信息流和资金流的关系

当前，商业发展正在进入智能化时代，技术的不断发展催生着商业行为和模式的发展，智能商业将呈现技术带动效率提升、商业消费场景多样

化、用户驱动商业模式转变以及商业价值体系转向多方联合等特点。商务智能是利用互联网、云计算、大数据和人工智能等技术，帮助企业正确高效地采购、生产、销售、管理，重构产业链和业务链，优化产业效率、创造全新商业价值。大数据负责采集与分析消费者行为信息，为企业反向定制与零售商的精准营销提供基础支持；云计算打破各个网点之间的数据孤岛，为制造端与供应链输出廉价的方案设计与解决能力；物联网形成线下网点之间以及线下与线上网点的快速联动与协作，促成生产端与销售端以及物流端的无缝对接与接驳；VR多维度创设消费场景与逼真的虚拟体验，加快网上购买决策的快速形成。零售行业将各式各样的新技术运用于各类应用、需求之中，实现业务流、信息流、资金流、用户流、物流五流合一，让供应链体系、营销体系、购物场景等都实现了智能化，助力商务智能目标的实现。开放、互联、共融、共生成为智能商业的主要特征，商流、信息流、资金流、物流趋于一体化，并增强协同效应。

第二篇

技术篇

第四章　互联网

第一节　"互联网+"的相关概述

一、"互联网+"的提出

当前，我们正处于一个信息文明加速奔跑的大变革时代，"互联网+"也由此应运而生①。国内"互联网+"理念的提出，最早可以追溯到 2012 年 11 月于扬在易观第五届移动互联网博览会的发言。而早在 2011 年，中国便进入了"互联网+"时代，因此这一年也被称为"互联网+"元年，标志性的事件即大型企业"触电提速"②。

2013 年 11 月，马化腾在"先知先行先见"论坛上提出"互联网+传统行业"是一种能够提升传统行业的新能力、新资源。在腾讯 WE 大会上再次通过《通向互联网未来的七个路标》中提出"互联网+"。2014 年 4 月，马化腾在《人民日报》的专访中再次提到"互联网+"作为一个发展趋势，将要与各个行业发生化学反应。同年，"互联网金融"一词出现在 2014 年的政府工作报告中。

在 2015 年的政府工作报告中，"互联网+"再一次出现，此时"互联网+"已不仅是马化腾或腾讯的一种提法，而已成为国家战略，成为我国

---

① 刘淑萍. "互联网+"内涵与发展评价指标体系［J］. 科技经济市场，2018.

② 杨爱喜，卜向红，严家祥. 人工智能时代：未来已来［M］. 北京：人民邮电出版社，2018.

新的发展行动计划，其推动了移动互联网、云计算、大数据、物联网等与现代制造业结合，促进了电子商务、工业互联网和互联网金融健康发展，"互联网+"随即成为关注和讨论的热点①。"互联网+"不仅仅是互联网移动了、泛在了、应用于某个传统行业了，更加入了无所不在的计算、数据、知识，造就了无所不在的创新，推动了知识社会以用户创新、开放创新、大众创新、协同创新为特点的创新2.0，改变了人们的生产、工作、生活方式，也引领了创新驱动发展的"新常态"。

二、"互联网+"的内涵

"互联网+"不仅仅是简单的技术运用，也不是单纯地将先进技术与其他产业的融合，更不是只重视强调新形态、颠覆传统经济的新思想。"互联网+"是用信息流带动物质流，用更先进技术加速相对落后产业的发展，提升传统经济的质量和产能，增速传统经济转型升级的新动能②。

1. 时代发展层面

"互联网+"是人类文化、经济社会发展的一个动态过程，也是发展的一个新阶段。从初始的互联网技术渗透到社会发展，社会发展的每个角落都融合互联网技术并因此得到新的社会发展模式。在新的社会模式中，任何一个主体都是"互联网+"连接的主体和对象。

2. 需求层面

"互联网+"的产生是人类社会发展过程中，为满足经济发展和人的需求而产生的新产物。在新需求的基础上产生了新目标，为了满足经济发展和人类需求之间的矛盾，科学技术不断从简单的信息互联到万物互联、从简单的人机操作到人工智能发展，产生的新生事物进一步激发经济发展和人的需求，因此再一次产生新的技术。

3. 技术进步层面

"互联网+"是技术发展的累积和延伸所产生的结果。从信息化时代到互联网时代，再到"互联网+"时代，纵观技术的发展史，不难发现每一

---

① 钱玉娟."互联网+"产业转型新坐标 [J].中国经济信息，2015（6）.
② 杨爱喜，卜向红，严家祥.人工智能时代：未来已来 [M].北京：人民邮电出版社，2018.

次社会大变革的背后都是生产力在予以推动。"互联网+"时代就是生产工具发展到智能时代的产物，是技术本身在对过往实践的积累后，再不断更迭和延伸。随着生产工具的广泛运用，技术又将再一次提升生产力，周而复始，螺旋上升。

4. 资源配置层面

"互联网+"是对资源的补充以及重新配置。从工业革命以来，经济的崛起常常伴随着对于资源的占有、掠夺和消耗，但是资源的不可再生导致资源的日益匮乏，资源的过度使用导致环境的污染、生态的失衡。如何补充新的生产要素，如何解决经济发展和环境保护之间的矛盾？"互联网+"的出现，大大缓解了这一问题，它是经济社会可持续发展要求下的产物。农业经济的生产要素是物质，工业经济的生产要素是能源，时代发展到知识经济的今天，信息和知识已经成为我们主要的生产要素，信息技术的进步、"互联网+"的出现，都是对我们这个历史阶段生产资源的补充以及革新。此外，为了更好地提高经济的效率，提升经济的发展质量，还需要对原有资源进行重新配置，"互联网+"在补充了资源丰富性的同时，通过其互联网技术的优势更快、更广、更好地将信息进行传递和交流，从而引导生产要素的合理配置，优化经济的调控能力和管理水平。

三、"互联网+"的趋势

"互联网+"不仅仅是连接一切网络或将这些技术应用于各个传统行业。除了无所不在的网络，还有无所不在的计算、数据、知识，一起形成和推进了新一代信息技术的发展，推动了无所不在的创新（创新民主化），催生了以用户创新、开放创新、大众创新、协同创新为特点的面向知识社会的创新 2.0。正是新一代信息技术与创新 2.0 的互动和演进共同作用，改变着我们的生产、工作、生活方式，给当今中国经济社会的发展带来无限的机遇。

李克强总理在政府工作报告中提出的"互联网+"概念是以信息经济为主流经济模式，体现了知识社会创新 2.0 与新一代信息技术的发展与重塑。"互联网+"不仅意味着新一代信息技术发展演进的新形态，也意味着面向知识社会创新 2.0 逐步形成演进、经济社会转型发展的新机遇，推动开放创新、大众创业、万众创新、推动中国经济走上创新驱动发展的"新常态"。

"互联网+"的未来将向人工智能方向发展。未来人工智能的演进会有两个方向：一个是光电的方向，这是我们看到的机器软硬件与互联网服务的结合会出现智能的机器人；另一个是生物技术（Biotech）方向。未来人工智能有可能是这两个方向的结合。

第二节　互联网+商业模式创新

一、"平台+免费"商业模式创新

平台商业模式创新，即借助互联网平台，打造网络商务闭环，构建一体化的多边市场平台。平台价值在于通过互联网集合客户群体，通过各种客户群体的互动创造最大商业价值①。例如：百合网、世纪佳缘等相亲网站，即通过相亲的男女方客户互动产生盈利；淘宝网则通过建立开放式的购物平台，为消费者提供了一站式、多元化的购物体验，并收取入驻商家的宣传费用。

免费商业模式创新，即在互联网上给予消费者免费的基础服务，其主要形式分为三种：一是基于双边或多边市场的免费服务或免费产品，借助第三方支付弥补产品与服务的成本；二是除了基础服务免费外，对高级服务进行溢价收费；三是利用免费服务培养忠实客户，养成良好使用习惯，进而采取后续收费模式②。

二、"内容+社区"商业模式创新

"内容+社区"商业模式核心在于媒体属性+商品与社交属性，通过媒

---

① 王芳."互联网+"商业模式创新发展趋势分析 [J]. 商业经济研究，2018.
② 刘淑萍."互联网+"内涵与发展评价指标体系 [J]. 科技经济市场，2018.

体传播产品的内容将消费聚合，而后通过社区消费者的培养、沉淀，形成共同的价值观，进而开展商业活动①。随着微信、微博等自媒体的快速发展，社会关系网络全媒体化逐渐完善，企业通过自媒体与消费者进行内容互动链接，拓宽销售渠道，提高口碑与品牌价值。互联网的社区化发展，打破了时间与空间的局限性，让人们可以在任何时间与地点购买商品，在网络社区进行沟通与交流。以小米社区为例，在小米手机设计阶段，便积极吸纳手机发烧友，共同探讨手机的功能。从小米 1 到小米 6 历经六代发展历程，小米秉承"一切环节皆体验"的商业理念，通过小米社区持续不断地培养忠实客户，通过提高客户的参与感与忠诚度，扩大了市场份额。在及时有效的互动沟通中，小米公司不断提高服务水平，提高产品的使用体验，形成了良性发展循环②。

三、"互联网+O2O 产业链" 商业模式创新

随着移动 4G 网络的快速发展，各行各业与互联网的融合及渗透率不断提高，互联网产业链外延不断拓宽，O2O 线上线下商业模式成为当前的关键词。"互联网+O2O 产业链"商业模式创新的优势在于"流量至上"商业逻辑，随着前期发展的流量积累，流量的变现功能凸显，如视频网站、旅游网站和购物网站，纵向的产业链发展趋势明显。"互联网+O2O 产业链"商业模式创新的本质在于借助互联网开展 O2O 线上线下深度融合发展，其不仅提高了传统产业链的物流、信息流、资金流效率，也重塑传统产业链，打造了新型商业模式与供需程序，拓宽了市场空间。以京东商城为例，随着京东自营物流的布局日趋完善，逐渐形成产业链闭环，以定制供货与自营销售等方式，塑造了京东物流的核心竞争力。同时，以现象级 Uber、滴滴、快的为代表的打车、租车商业模式，即通过借助互联网平台与技术，将传统产业与互联网相融合，开创了新型商业模式③。

---

①②③　刘淑萍. "互联网+" 内涵与发展评价指标体系［J］. 科技经济市场，2018.

四、"互联网+跨界生态网络"商业模式创新

在互联网生产力工具理论视域下，国内互联网巨头凭借着流量、资源与经验优势，推动了"链接一切，跨界融合"的全产业链生态发展。随着云计算、物联网和大数据等技术不断更新，移动终端设备和互联智能终端设备层出不穷，为"互联网+跨界生态网络"商业模式创新奠定了坚实基础，从后端数据支持到前端数据支持，再到基础设备支撑，多个方面协同发展共同缔造了"互联网+"的新型跨界生态网络。

纵观 BAT（百度、阿里巴巴、腾讯）三大互联网巨头，当前正向着"互联网+跨界生态网络"商业模式发展。一方面是云计算和大数据技术对外开放，如百度医疗云与金融云、阿里巴巴政务云与电商云；另一方面是跨界与融合发展趋势明显，如京东与国美、阿里巴巴与苏宁等，多家大型互联网巨头企业的联合，通过各种社会优质资源的整合，构建了更丰富、更健康也更庞大的新型跨界生态网络。除了互联网巨头之外，传统产业巨头也在积极转型升级，包括万达集团、联想集团与苏宁集团等，纷纷通过"互联网+生态网络"的方式，拓宽了产品线与服务体系，不断提高用户的消费体验与附加值。在多元化合作路径下，越来越多的跨界、跨产业生态网络不断发展壮大，引领着"互联网+"商业模式创新发展[1]。

五、小众市场长尾商业模式创新

长尾概念由克里斯·安德森提出，该概念描述了媒体行业从面向大量用户销售少数拳头产品，到销售庞大数量的利基产品的转变，虽然每种利基产品相对而言只产生小额销售量，但利基产品销售总额可以与传统面向大量用户销售少数拳头产品的销售模式媲美。通过 C2B 实现大规模个性化定制，核心是"多款少量"。因此，长尾模式需要低库存成本和强大的平台，并使得利基产品对于兴趣买家来说容易获得，如 ZARA。

---

① 刘淑萍."互联网+"内涵与发展评价指标体系［J］. 科技经济市场，2018.

第三节　互联网+商业创新业态

一、以互联网为依托开展的经营活动

现代互联网进入创新了商业业态模式。现代商业活动以互联网为依托开展经营，通过新的经营方式、新的经营技术、新的经营手段取代传统的经营方式和技术手段，以及由此创造出不同形式、不同风格、不同商品组合的店铺形态去面向不同的顾客或满足不同的消费需求。像淘宝网、天猫商城、京东、亚马逊等一些网上电商平台，都是以互联网为依托开展经营活动，为广大客户提供便捷的服务，方便了群众的日常工作与生活，形成了互联网+商业的新模式。

二、商业流程、服务模式或产品形态的创新

随着互联网在各行各业中的渗透，以互联网为依托开展经营活动的企业正不断涌现出来。它们在商业流程、服务模式和产品形态上都有不同程度的创新。就商业流程而言，互联网打破了传统商业流程，通过互联网便捷、快速、高效的特点，大大缩短了企业的商业流程，让企业与客户面对面、零距离沟通交流，节约了时间与成本，通过线上反馈，更好地对商业流程优化，实现利益最大化。就服务模式或产品形态而言，现在企业通过互联网提供全新的产品或服务、开创新的产业领域，或以前所未有的方式提供已有的产品或服务，成为某一行业的龙头企业。如 Grameen Bank 不同于传统商业银行，主要以贫困妇女为主要目标客户，贷款额度小、不需要担保和抵押等；亚马逊相较于传统书店，其产品选择范围广、通过网络销售、在仓库配货运送等；西南航空也在服务模式等多方面有所创新，如提供点对点基本航空服务、不设头等舱、只使用一种机型、利用大城市不拥挤机场等，不同于其他航空公司。

三、灵活、快捷的个性化服务

市场需求日益多变、产品寿命周期的缩短、时髦的消费方式被模仿速度的加快，让消费者消费观念逐步向品质的外在化、个性化、自然化方向发展。同时技术进步使企业的生产、服务系统经常变化，这种变化已经成为持续不断的事情。为了应对这种情况，企业灵活、快捷的个性化服务显得尤为重要，而且越来越多的企业开始提供个性化的产品与服务，个性化服务、私人定制服务层出不穷，体现了企业以人为本的经营理念，是现代企业提高核心竞争力的重要途径。如海尔建立了闭环式的服务体系，提出了"您来设计我来实现"的新口号，由消费者向海尔提出自己对家电产品的需求模式，包括性能、款式、色彩、大小等，并提供先设计后安装、清洗、维护家电的全方位服务。这样产品就更具适应性，更有竞争力，也就使其牢牢占据市场霸主地位。

第四节　企业互联网化标准

一、企业核心产品与业务在线化

随着互联网的深入开发与运用，改变了我们每一个人的生活、支付、沟通、出行的方式，让个人的行为、关系和数据全部在线，这也是互联网带来的核心变革。对于企业来说，线上发展模式成为主流，核心产品与业务的在线化越来越成为现在企业的发展方向。未来企业的核心产品与业务应该是在线的，企业数字化转型，企业业务在线并不是系统简单地转换到云端，而是通过在线连接和数据改变企业，创造新的商业和业务模式。

二、企业与客户的互动与洞察

　　无论是企业还是个人，都在受互联网红利的影响。互联网的出现，让企业与客户零距离、高速度、无障碍地沟通与互动。一方面，通过互联网的高新技术手段，让客户能体验到便捷、高效、优质的企业服务，同时能在线解决客户存在的疑惑，方便客户体验；另一方面，企业也能通过实时与客户沟通，洞察产品与服务过程中存在的不足，及时改良，创造出更好的产品，为客户提供服务，同时为自身赚取利润与口碑，极大地节省了企业成本。

第五章　大数据

第一节　大数据技术介绍

当下大数据技术主要分为大数据关键分析技术、大数据关键处理技术、大数据的可视化技术、大数据安全保密技术四大技术模块。

一、大数据关键分析技术

可用于大数据分析的关键技术主要包括 A/B 测试、关联规则挖掘、分类、数据聚类、众包、数据融合和集成、数据挖掘、集成学习、遗传算法、机器学习、自然语言处理、神经网络、神经分析、优化、模式识别、预测模型、回归、情绪分析、空间分析、统计、监督式学习、无监督式学习、模拟、时间序列分析、时间序列预测模型（见表 5-1）。

表 5-1　大数据关键分析技术情况

名称	定义	示例	备注
A/B 测试	也称为分离测试或水桶测试。通过对比测试群体，确定哪种方案能提高目标变量的技术	确定何种的标题、布局、图像或颜色可以提高电子商务网站的转化率	大数据可以使大量的测试被执行和分析，保证这个群体有足够的规模来检测，控制组和治疗组之间有意义的区别

续表

名称	定义	示例	备注
关联规则挖掘	发现大数据仓库中变量之间关系的一组技术，这些技术包含多种算法来生成和测试可能的规则	市场购物篮分析，零售商可以确定哪些产品是经常一起销售的，并使用这些信息进行营销	典型的例子就是很多超市的顾客在买尿布的同时也会买啤酒
分类	在已确定分类的基础上，识别新的数据点属于哪种类别的一组技术	对特定客户行为的预测（如购买决策、流失率、消费率等），有一个明确的假设或客观的结果	这些技术被经常描述为监督式学习，因为有一个训练集的存在，它们与聚类分析形成对比，聚类分析是一类无监督学习
数据聚类	划分对象的统计学方法，将不同的集群划分成有相似属性的小群体，而这些相似属性是预先未知的	—	是一种没有使用训练数据的无监督学习
众包	用来收集数据的技术，这些数据是由大规模群体或组织公开征集，通过网络媒体提交的	—	这是一种大规模协作和使用Web2.0的一个实例
数据融合和集成	集成和分析多个来源数据的技术，比分析单一来源数据更能获得高效、精确的结果	从网络采集的数据经过整合对复杂分发系统的表现，比如炼油	将来自社会媒体的数据，经过自然语言处理，可以结合实时的销售数据，以确定营销行为对顾客的情绪和购买行为的影响
数据挖掘	结合数据库管理的统计和机器学习方法从大数据集提取模式的技术，包括关联规则学习、聚类分析、分类和回归	挖掘客户数据以确定最可能获得订单的客户群，挖掘人力资源数据以识别最能干的员工，或分析市场购物篮来模拟客户的购买行为	—

续表

名称	定义	示例	备注
集成学习	通过多个预测模型（均通过使用统计数据或机器学习开发），以取得比任何成分模型更好的预测效果	—	一种监督式学习
遗传算法	通过模拟自然进化或适者生存的过程搜索最优解的技术	改善作业调度、优化投资组合等	作为进化算法的一种类型，这些算法非常适合求解非线性问题
机器学习	有关设计和开发算法的计算机科学（曾被称为"人工智能"），允许电脑基于经验数据进化	自然语言处理	机器学习最主要的一个研究重点是自动学会识别复杂的模式，并基于数据做出明确的决定
自然语言处理	使用计算机算法来分析自然语言的一组技术	使用社交媒体的情绪分析，以判断潜在客户对一个品牌活动的反应	大多数自然语言处理技术是机器学习的一类
神经网络	通过生物神经网络的结构和运作（即脑细胞和内连接）的启发发现数据模式的计算模型	识别高价值客户离开公司的风险以及识别欺诈性保险理赔	神经网络非常适用于发现非线性模型，它可用来做模式识别和优化，一些神经网络的应用涉及监督式学习和非监督式学习
神经分析	用来描述图中或网络中的离散节点关系的技术	识别最有影响力的营销目标，或识别企业信息流的瓶颈	在社会网络分析中，群体或组织中单个个体之间的关系
优化	用来重新设计复杂的系统和流程，依据一个或多个目标措施（如成本、速度或可靠性）来改善其表现的数值方法组合	改善业务流程并做出决策，如产品范围策略、挂钩投资分析和研发组合策略	遗传算法就是优化技术的一种

名称	定义	示例	备注
模式识别	依照一种特定的算法给某种产值（或标签）分配给定的输入值（或实例）的机器学习技术	—	分类技术属于这种类型
预测模型	通过建立或选择一个数学模型得出最好预测结果的技术	在客户关系管理中的一个应用：通过预测模型估计客户会流失的可能性或者客户被交叉销售其他产品的可能性	回归就是预测模型中的一种
回归	确定当一个或多个自变量变化时因变量变化的程度的统计技术	基于不同的市场和经济变量或最能影响客户满意度的制造业参数，来预测销售规模	用于数据挖掘，经常用来预测
情绪分析	自然语言处理和其他分析技术的应用，用于从文字材料识别和提取主观信息	企业通过情绪分析来分析社会媒体（如博客、微博和社交网络）确定不同的客户群，以及股东对他们产品和行为的反应	分析的内容主要包括特征识别或有关表达情感的产品，并确定属于正面或负面或中性的类型以及强度
空间分析	源于分析拓扑、几何、地理数据的统计技术	空间数据的空间回归（如消费者是否愿意购买与位置相关的产品）或模拟（比如如何将制造业的供应链网络与不同的地理位置结合起来）	空间分析的数据经常源于地理信息系统（GIS），采集的数据包括位置信息，如地址或纬度/经度坐标
统计	收集、组织和说明数据的科学，包括设计调查和实验	通过 A/B 测试判断哪种类型的营销材料会最快增加收入	统计技术经常用于判断变量之间发生关系的概率（"零假设"），以及潜在因果关系推测变量之间的关系（如统计学意义）；统计学技术同样用于降低I类型（误报）和II类型（假阴性）错误的可能性

名称	定义	示例	备注
监督式学习	从一组训练数据集推断一个函数或关系的机器学习技术	—	分类和支持向量机
无监督式学习	用于找到未标记数据中的隐形结构的机器学习技术	—	聚类分析属于无监督式学习
模拟	为复杂系统的行为建模，常用于预测和情境规划	估计不同措施在不确定情况下满足财务目标的可能性	例如，蒙特卡罗模拟，是一类依赖重复的随机抽样，其结果是给出一个结果的概率分布直方图
时间序列分析	来源于统计数据和信号处理的技术，从一组连续的时间值代表的数据点提取有用的信息	—	股票市场指数的时间价值或每天特定条件下治疗的患者数
时间序列预测模型	利用过去相同或其他系列的时间序列值来预测未来的模型	预测销售规模或传染性患者就诊的数量	包括结构建模、分解成系列的趋势，季节性和剩余组件，可以用于识别数据的周期性模式

资料来源：中商产业研究院。

二、大数据关键处理技术

可专门用于整合、处理、管理和分析大数据的关键技术主要包括 Big Table、商业智能、云计算、Cassandra、数据仓库、数据集市、分布式系统、Dynamo、GFS、Hadoop、HBase、MapReduce、Mashup、元数据、非关系型数据库、关系型数据库、R 语言、结构化数据、非结构化数据、半结构化数据、SQL、流处理、可视化技术等。

三、大数据的可视化技术

可视化技术是大数据应用的重点之一，目前主要包括标签云、历史流、Clustergram、空间信息流等技术和应用。

1. 标签云

用以表示一个网站中的内容标签，标签的排列顺序一般依照字典排序，按照热门程度确定字体的大小和颜色。这样，依照字典或者热门程度来寻找信息便成为可能。标签通常是超链接，指向分类页面。

2. 历史流

历史流针对的是一个条目的页面编辑历史，以时间作为横轴，展示页面不同部分的变化情况。

3. Clustergram

函数 Clustergram 对数据分级聚类，并产生数据的热红外分布图和树状图，通过更改相关参数可以改变其颜色配置、距离算法，并可做双向聚类。

4. 空间信息流

指运用计算机图形图像处理技术，将复杂的科学现象和自然景观及一些抽象概念图形化的过程。具体地说，是利用地图学、计算机图形图像技术，将地图信息输入、查询、分析、处理，采用图形、图像，结合图表、文字、报表，以可视化形式，实现交互处理和显示的理论、技术和方法。

四、大数据安全保密技术

1. 用户身份认证

由系统提供一定的方式让用户标识自己的名字或身份，当用户要求进入系统时，由系统进行核对。这种技术仅用于数据库安全维护，也常见于一般的软件安全维护和系统维护中。常用的用户身份认证技术主要包括：传统的基于口令的身份认证、基于随机口令的认证技术、基于 PKI 体制的数字证书认证技术等。

在数据库系统中，系统内部记录所有合法用户的用户标识和口令。系统要求用户在进入系统之前输入自己的用户标识和口令，系统核对用户信息输入正确方可进入。这种方式的优点是构建方便、使用灵活、投入小，对于一些封闭的小型系统和安全性要求不是很高的系统来说是一种简单可信的方法，但其缺点是用户信息容易被人窃取。

当前基于口令的身份认证技术是单向认证，即服务器对用户进行认证，而用户不能对服务器进行认证，这种认证方式存在着很大的缺陷。基于 PKI 体制的数字证书的身份认证技术通过可信任的第三方提供了用户和服务器的双向认证，目前出现了在原始 MDS 算法的基础上，采用在用户口令中加入随机数的方式来抵御重放攻击和字典攻击，提高了数据库管理系统的安全性。

2. 授权机制

授权机制也称访问控制，主要是指系统依据某些控制策略对主体访问客体所进行的控制，用来保证客体只能被特定的主体所访问，多数访问控制应用都能抽象为权限管理模型，包括实体对象、权限声称者和权限验证者。基于传统访问控制框架的访问控制模型有自主访问控制模型 DAC、强制访问控制模型 MAC、基于角色的访问控制模型 RBAC 和基于任务的访问控制模型 TBAC 等，这些传统访问控制模型中采用的执行单元和决策单元实际上分别是应用程序中实现访问控制的一段监听和判断逻辑程序，其是用来实现对访问请求的接收和决策。

目前大部分的数据库管理系统都支持自主访问控制，目前的 SQL 标准是通过 GRANT 和 REVOKE 语句来授予和收回权限。强制访问控制方法可给系统提供更高的安全性。在 MAC 中，数据库管理系统将实体分为主体和客体两大类。如果面对大量的应用系统和用户，这种方式将导致对用户的访问控制管理变得非常复杂和凌乱，甚至难以控制，还会增加系统开发费用，加重系统管理员的负担，增加系统的复杂度和不安全因素。因此，应采取新的解决数据库安全保密问题的方法。

3. 数据库加密

数据库加密就是把数据信息即明文转换为不可辨识的形式即密文的过程，目的是使不应了解该数据信息的人不能访问。将密文转变为明文的过程，就是解密。加密和解密过程形成加密系统。

目前数据加密算法很多，根据密钥性质的不同，常见的加密方法可以分为对称加密算法和非对称加密算法。对称加密算法比非对称加密算法效率更高。最有名的算法是由美国颁布的数据加密标准 DES 为代表的传统对称密钥密码算法和以 RSA 算法为代表的非对称的公开密钥算法等。

4. 视图机制

进行存取权限的控制，不仅可以通过授权来实现，而且还可以通过定义用户的外模式来提供一定的安全保护功能。在关系数据库中，可以为不同的用户定义不同的视图，通过视图机制把要保密的数据对无权操作的用户隐藏起来，从而自动地对数据提供一定程度的安全保护，对视图也可以进行授权。视图机制使系统具有数据安全性、数据逻辑独立性和操作简便等优点。

5. 审计追踪与攻击检测

审计功能在系统运行时，自动将数据库的所有操作记录在审计日志中，攻击检测系统则是根据审计数据分析检测内部和外部攻击者的攻击企图，再现导致系统现状的事件，分析发现系统安全弱点，追查相关责任者。

除了以上提到的安全技术以外，还有设置防火墙、可信恢复、计算机光盘软件与应用。

第二节　大数据+商业创新模式

一、大数据产业链

1. 产业链内涵

大数据产业链按照数据价值实现流程包括数据组织与管理层、数据分析与发现层、数据应用与服务层三大层级，每一层都包含相应的 IT 技术设施、软件与信息服务。

2. 产业链主体

从产业参与的主体理解，一个产业必须有实实在在的企业参与其中。因为大数据产业能够为社会管理、企业创新、个人生活等多领域带来巨大的经济效益和社会效益，其已经吸引了大量的 IT 企业积极投资与布局大数据相关软硬件产品与服务，极大促进了 IT 技术的创新。

3. 产业链构成

在数据组织与管理层，涉及：①虚拟化、数据安全、分布式文件系统、数据库、数据仓库、数据转换工具等软件销售与租赁；②支撑数据组织与管理的存储设备、服务器、一体机等 IT 基础设施硬件的生产、销售与租赁；③支撑数据组织与管理的平台规划咨询、系统集成、云存储等服务。

在数据分析与发现层，涉及：①并行运算、数据统计、内容/知识管理、数据挖掘、商务智能、人工智能、语义分析、数据可视化等软件销售与租赁；②支撑数据分析与发现的服务器、高性能计算设备、一体机等 IT 基础设施硬件生产、销售与租赁；③支撑数据分析与发现的计算平台咨询规划、系统集成等服务。

在数据应用与服务层，涉及通过数据租售业务、分析预测服务、决策支持服务、数据分享平台、数据分析平台等商业模式，为最终用户提供原始数据、数据价值、数据能力的服务集合，还包括支撑数据分析与共享平台的 IT 基础设施等硬件销售与租赁、系统集成、运营管理服务。大数据产业链示意图如图 5-1 所示。

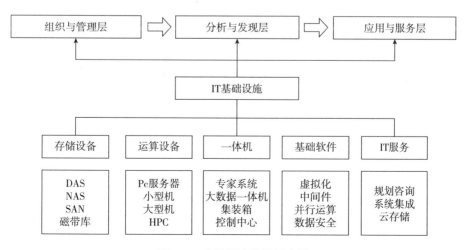

图 5-1　大数据产业链示意图

资料来源：中商产业研究院。

二、平台式商业模式

大数据的高连接性、高可获得性、丰裕性使关于大数据的业务活动频率急剧上升，这些活动不仅表现为市场化的交易，也包括介于市场机制与科层机制之间的各种合作以及大数据业务与其他业务在企业内的结合。交易（泛指关于大数据的交往活动）频率的急剧上升使交易成本的节约成为企业设计交易结构和交易机制关注的中心问题，也是决定整个经济运行效率的关键问题。大数据的发展也使交易成本得到多方面降低：无障碍零距离沟通、开放的信息和标准、资产专用性的降低、少数人的联合等。平台式商业模式既是因交易成本降低需要而产生的，也是交易成本降低的结果。平台式企业在商业生态系统中扮演着越来越重要的角色，这种商业模式创造价值的逻辑就是通过"连接"与"聚合"降低平台参与者各方的交易成本，并使网络效应得以发挥。根据平台所连接与聚合的对象不同，平台式商业模式又可分为客户平台、数据平台、技术平台或者三者兼而有之，其本质都是基于大数据的中介组织，具体如下：

1. 客户平台商业模式

基于大数据的客户平台商业模式主要是指通过互联网以某种方式把大量客户吸引到自己的平台上，通过提供双边或多边客户价值相互转化与传递机制创造价值。这种商业模式运行的基础是客户的连接与聚合，其关键资源是平台所聚集的庞大的客户群，主要通过网络效应的发挥创造和传递价值，如 Facebook、腾讯 QQ 等。

2. 数据平台商业模式

数据平台商业模式是指通过提供多行业、多企业的合作机制，聚集海量的数据，通过数据挖掘、分享、运用创造和传递价值。这种商业模式运行的基础是数据的连接与聚合，其关键资源是平台所聚集的庞大的数据资源，主要基于数据资源的互补和共享创造新价值。如 IZP 公司，通过与全球电信运营商及互联网网站合作，基于自主创新的大数据量智能分类处理技术，在全球互联网部署跨多个国家、多个地区、多个语言体系、覆盖面最广的超级互联网媒体平台，它最具战略性的资产是经过授权使用的客户数据，特别是真实可靠的社会关系数据。

3. 技术平台商业模式

技术平台商业模式是指通过提供技术开发的基础条件，吸引技术相关各方的参与，以实现分散的、互补技术优势的高效利用。这种商业模式是基于技术的连接与聚合，通过技术的创新与应用创造价值。技术平台包括基于开源软件的开源社区平台、众包平台等。如 Red Hat，其产品 Red Hat Linux 是全世界应用最广泛的 Linux，Red Hat 依靠开源开发社区创造和传递价值，对自助用户提供基于 Linux 开源的免费软件，对企业客户通过专业订阅提供持续升级服务和有保障的软件，实行软件免费、服务收费的模式。

三、数据驱动跨界模式

从资源基础论的视角，企业边界主要取决于企业所拥有核心资源的价值辐射能力和企业控制能力，当大数据成为企业的优势核心资源，对大数据资源规模经济和范围经济的追求激发了以大数据为中心的扩张，数据相关多元化（Data-relationed Diversification）出现，在技术相关多元化、市场相关多元化之外，大数据资源和技术成为企业决定其边界的新依据。从交易成本的视角看，外部交易成本的降低提高了互补资源的可获得性，内部交易成本的下降提高了企业的管控能力，这也为企业跨行业扩张提供了可能性。一些前瞻性的公司已经开始尝试跨界与融合，笔者称其为数据驱动跨界模式。这种跨界与融合主要来自三个方向：一是产业链外企业依托天然拥有的大数据资源向大数据产业链扩张，涉足大数据生产；二是产业链内企业依托大数据资源向其他行业扩张，涉足大数据行业外应用；三是以大数据为核心资源的全方位扩张。

1. 上行跨界模式

在大数据产业链之外，一些企业在正常经营的过程中，作为副产品天然拥有庞大的数据资源或者积累发展了先进的大数据技术，这些资源在满足企业本身需要之外，则成为一种"冗余"，依赖大数据资源冗余利用方式的创新——大数据资源商品化，改变企业原来的价值创造逻辑，甚至使公司的业务性质发生根本性变化：①数据商品化。"广联达"是一家在深圳中小板上市的软件公司，主要收入来源是建筑领域计量软件、造价软件等版权销售。"广联达"的业务集中在建筑领域，公司在经营中有机会接触到大量实时产品数据，而许多客户需要精确的数据来确定一所建筑的造价，于是"广联达"开展了一种新业务：收集各地的建材价格数据，处理后打包销售给客户。②大数据技术商品化。在线零售商业模式的先驱亚马逊 2006 年开始新一轮的商业模式创新，开始销售"云计算"服务（即提供在线存储空间业务与按需服务器使用业务），自此，亚马逊开始以完全不同的价值主张迎合完全不同的客户细分群体——网站公司。这个策略可以实施的根本原因在于亚马逊对其强大的 IT 基础设施应用的再思考，以使其基础设施能被零售业务运营和新的"云计算"服务所共享。③大数据服务商品化。淘宝网在运行的过程中采集和存储了海量的交易数据，而且拥有自己的云存储系统 Ocean Base（支持海量数据的高性能分布式数据库系统），通过专业的数据挖掘，形成了面向进驻商家的多项数据产品，实现了数据的商品化；进而，利用 Ocean Base 开源还可以为非淘宝的其他电商网站提供数据产品及软件，为各类网站及社区提供电商解决方案，为淘宝卖家和消费者提供各类优化工具，从而实现了从交易平台到"生态圈"基础服务提供商的角色转变。

2. 下行跨界模式

这种模式是指拥有大数据的公司（例如，互联网公司、IT 企业等）利用大数据和大数据技术优势，开拓行业之外的新业务，以完全不同的方式解决某种传统业务问题，实现跨界经营，从而成为这一传统行业的破坏性创新者，或者创造出一个全新的产业。例如，阿里巴巴旗下的阿里金融——一家基于数据分析的小额信贷公司。小额信贷是需要抵押品或者担保的，但是有些小微企业没有任何可以抵押的资产，也找不到愿意提供担保的人，这一直是小额信贷的技术性障碍，而大数据可以解决这一关键问题，通过分析这些企业往来的交易数据、信用数据、客户评价数据，可以掌握他们的资金流动状况、信用状况等。这种模式与传统的银行小额信贷业务相比，业务成本和放贷风险都大大降低。阿里金融的核心资源就是其拥有的大量真实的小微企业的财务数据、交易数据、支付数据等。再如 2011 年被微软以 85 亿美元收购的 Skype 公司，它通过提供基于网络的免费通话服务成为电信行业的破坏性创新者。Skype 公司开发了同样以 Skype 命名的软件，在电脑或智能电话上安装这个软件以后，用户可以在设备间拨打免费电话。Skype 跟传统电信运营商的成本结构完全不同，免费电话完全是通过网络基于"点对点"技术路由的，这项技术利用了用户的硬件和互联网作为通信的基础设施，因此，它不必像电信运营商那样管理自己的网络，除了后端软件和用户账号托管服务外，Skype 基本没有自己的基础设施，用户只有在呼叫固定电话和移动电话时才需要付费，而且费率非常低廉。尽管 Skype 提供的是通信服务，但其商业模式却更多的是遵循软件公司的经济规律。

3. 全方位扩张跨界模式

基于大数据的全方位扩张跨界模式的典范当推互联网巨擘 Google，其发展到今天，人们已经很难定义它的性质，它的扩张包含了大数据产业的垂直整合、价值链扩张、行业融合，它兼具客户平台、数据平台、技术平台特征，其业务布局，从应用（地图、搜索、Youtube 等）、平台（Google Play 应用店）、操作系统（Android）到硬件（手机、平板电脑、谷歌眼镜、无人驾驶汽车）。Google 创造价值的逻辑是：对于个人用户而言，所有的应用都是免费的，所有的软件都是在线的，用户在免费使用这些产品的同时，把个人的行为、喜好等信息免费送给了 Google，Google 的产品线越丰富，它对用户的理解就越深，它创造价值的能力就越强。谷歌董事长埃里克·施密特（Eric Schmidt）曾披露，谷歌在两天内收集的数据相当于从人类起源到 2003 年所产生的数据总和。谷歌是一家"搜索引擎公司"或"网上服务公司"或出版商或广告平台或制造商，但就其核心而言，它是一家数据收集公司，它所有的业务都是基于大数据。正如谷歌研究部主任彼得·诺维奇（Peter Norvig）所说，"我们没有更好的算法，我们只有更多的数据"。全方位扩张跨界模式就是要打造一个基于大数据的超级商业生态帝国。如果说上一轮基于互联网的商业模式创新的本质是泛互联网化，那么，新一轮的基于大数据的商业模式创新则要建立在超越互联网、超越大数据的思维之上。"连接""跨界"与"融合"不仅带来许多新的商业模式，而且使行业边界呈现模糊化趋势，基于这些思想的商业模式创新开拓了企业追求高层次差异化的新境界。

第三节 大数据+商业创新业态

一、大数据+农业助力精准扶贫

当前，我国信息化发展进入新阶段，互联网加速普及，数字经济新业态新模式蓬勃发展。与此同时，信息化扶贫的内容、范围、对象、目标、形式及方法等也都出现了新变化，信息化扶贫的重要性、长期性和艰巨性更加突出。充分发挥大数据的功能效应，构筑精准扶贫的新动能，有助于顺利实现 2020 年既定脱贫目标。为此，必须重新认识和诠释信息化扶贫，树立"信息化既是扶贫手段，更是脱贫内容"的全新意识，坚持目标管理与过程管理相结合，多措并举加快推进贫困地区信息化扶贫，提升减贫成效。

1. 大数据是现代农业中一项必备要素，将助力智慧农业发展

数据是现代农业生产中的一项新的必备要素，技术的支持让农业数据达到规模化、多样化、实现高效率运用，才能成为真正的农业大数据。农业大数据将助力智慧农业的发展。如建立主要粮食作物，即小麦、玉米等的苗情物联网远程监控系统的同时，要做好数据获取、数据资源管理、数据存储、数据挖掘、数据计算、数据可视化等技术层面的跟进。

2. 大数据有利于降低农业生产和销售中的不确定性，降低风险

在信息化时代，要提倡利用大数据手段进行现代农业建设，还要结合绿色发展里面的技术装备、农业生产活动进行全程测量、风险防控，来降低农业生产和销售中的不确定性，让农民在产前、产中、产后都能全程把握。

3. 大数据有利于增强政府贫困治理能力，提升农产品流通效率

对于大数据+农业的扶贫方式，未来可以通过大数据精准、动态、科学管理扶贫工作，增强政府贫困治理能力；通过大数据农业信息化技术促进农业提质增效，增加贫困户经营性收入。

4. 大数据农业扶贫案例

近几年，大数据被广泛运用于国民经济发展的诸多领域。全国许多省份在大数据助力农业产业发展方面都进行了有益的探索。如贵阳采用大数据助力猕猴桃产业，实现生产过程全履历追溯、内蒙古采用大数据融入电商下乡，最大化粮食买卖收益、广东依托农业大数据系统建立贫困人口的信息化平台，体现扶贫精准度、重庆依托大数据提供一站式服务，助力扶贫对象直接和持续增收致富。在可以想见的未来，大数据会在中国精准扶贫的进程中扮演越来越重要的角色。

当然，大数据也不是万能的。在农业信息化的过程中，也存在诸多问题。目前我国大数据运用于农业产业发展面临的问题主要有农业数据建设滞后、内容不全，数据打架、标准不一，数据不准确、不及时，发布不规范、不集中等，这些问题都成了农业发展的短板。此外，目前我国农业农村数据底数不清、关键核心数据缺失、数据质量不高、数据共享开放不足、数据开发利用不够，以及整体数据意识不强等都成为大数据助力农业产业发展的制约因素。

为了克服这些问题，在大数据助力农业发展的过程中，顶层设计和规划的指导作用也是一个值得重点关注的领域。农业大数据是一个很大、很复杂的课题，涉及多个领域、多个学科、多个环节，目前国内也没有找到特别成熟的案例。所以，对顶层规划和技术方案设计的把握尤其重要，需要得到顶级专家的指导与帮助。

二、大数据+旅游打造智慧旅游升级[①]

目前，我国旅游业正处于高速发展阶段，无论是出游人数还是旅游收入都年年创新高，而旅游大数据是智慧旅游的"智慧之源"，对旅游市场细分、目标市场的确定以及旅游战略的制定至关重要。旅游大数据就是利用大数据的方法和技术，有效收集整合旅游监管数据、移动运营商数据、旅游行业数据，实现对游客信息进行多维度的精准分析和有效预测，让数据自己"说话"。随着社会经济的发展，对数据和信息资源的依赖程度也日益增加，旅游行业对大数据技术和大数据应用方面关注度日益提升，旅

---

① 　陈海迪．大数据在智慧旅游中的应用研究［J］．当代经济，2015（29）．

游大数据主要通过以下三方面的应用，打造智慧旅游升级。

1. 面向企业的应用

在旅游供应链中涉及食、住、行、游、购、娱六类供应商，在智慧旅游中能够充分运用大数据的主要有酒店、航空公司、旅行社和景区等住、行、游三类供应商。对于这些企业而言，大数据的应用主要有两个方面：一是对于企业自身而言，实现企业管理信息化和内部的运营监管；二是面向游客进行营销宣传，企业与主要的搜索引擎和旅游电子运营商合作，对游客大数据进行充分的分析挖掘，掌握旅游消费者的需求信息，为制定旅游营销策略提供依据。目前很多平台型旅游企业（携程、艺龙、去哪儿、马蜂窝等）已经开始应用大数据，开发自己的产品体系，为更好地实现与酒店、旅行社等旅游产品供应商服务的匹配与对接，它们具有专门的技术人员提取旅游攻略引擎中的用户信息，提取酒店、购物、拍照、点评等关键信息后，进行系统化的分类整理，经过人工分析和编辑后形成旅游攻略和调查报告，为旅游产品供应商提供更加精准的产品研发和营销策略。例如：国内知名自助游网站马蜂窝与酒店合作开启反向预订模式，大大提高了酒店的销售量；Hopper 旅游网站利用大数据为旅游者提供旅游景点推荐。因此，大数据的应用可以使旅游企业以全新的方式销售旅游产品。

2. 面向政府的应用

在大数据当道的时代，数据就是资本，政府运用大数据不仅能够实现旅游行业管理的宏观调控，而且能够掌握公共服务的主动权。对于政府自身而言，要全面提高电子政务水平，构建电子政务集群体系；加强与交通、气象、海关、公安等部门的横向合作，同时将互联网旅游企业、典型的旅游投资、散客消费等纳入统计系统中，实现跨部门、跨行业、跨地区的资源共享；建立旅游大数据交换平台，形成数据互换和共享机制。对于企业而言，政府要提高宏观引导能力，依据大数据监测平台及时准确发布有关旅游经济运行的数据信息，提高信息引导能力；依据大数据技术提高舆情监测和动态分析能力，创造有利于旅游业发展的舆论环境。对于游客而言，政府要提高公共服务能力。例如，开发旅游公共服务应用 APP，向游客及时推送交通、天气、签证等信息，为旅游提供指引；加强对旅游景区等场所的公共 Wi-Fi 服务设施的建设，通过免费 Wi-Fi 可以获取游客的相关信息，推送旅游 APP；依据大数据技术提高旅游呼叫中心的工作效率，不仅能够高效处理游客投诉，抚慰游客情绪，而且能够实现事故预警，应急处置，有利于保留景区口碑和景区的长远发展。

3. 面向游客的应用

游客是旅游产品的消费者，是实现智慧旅游的核心价值。广大游客在智慧旅游中的消费信息是在旅游大数据中需要挖掘的重要内容，依托大数据技术对其进行分析，制定出更加适合游客的旅游产品，因此，旅游大数据产生于游客，又服务于游客。当我们想到一个陌生的景区旅游时，在出游前：第一，在搜索引擎收集出行的信息，体验虚拟旅游；第二，确定旅游目的地，下载 APP；第三，下单订购门票或实时支付。出游中：第一，手机接收二维码；第二，利用智能交通规划路线；第三，刷二维码进入景区；第四，APP 增强现实，语音导览；第五，遭遇紧急突发事件求助；第六，查周边吃住行购，刷二维码完成消费。出游后：第一，景区游玩，分享心情；第二，点评分享旅游经验。整个自助智慧旅游流程，给游客带来了全新的体验。为了满足广大游客的消费需求，刺激旅游消费，智慧旅游系统平台建设需要进一步深化，做到旅游景区立体化和形象化，游客在手机上能够身临其境地感受景区的真实特征，提高游客的出游欲望；依据大数据技术，为游客制定出行路线的同时能够评估出行费用，方便游客出行；完善景区 APP 终端，除了为游客提供景区信息外，还要提供一键呼救、游客位置信息、轨迹信息等多种服务，充分保证游客的安全利益。

三、大数据+医疗推进精准医疗[①]

随着计算机及网络技术的快速发展，我国医疗行业与信息系统的结合日益紧密，医学研究、医疗服务系统等所产生的数据是医疗大数据的初期资源，根据来源可将其分为生物、临床和健康大数据。生物大数据主要与生物标本、基因测序信息相关，组学大数据是其重要内容。分子生物学、基因测序技术的发展促进对基因精细化的认识、多种组学的进步，从而产生海量数据。临床大数据源于医院临床诊治、科研、管理过程，包括门/急诊、住院、影像、实验室、用药等数据。我国大型综合医院年均数据量

---

① 杨梦洁，杨宇辉，郭宇航等. 大数据时代下精准医疗的发展现状研究［J］. 中国数字医学，2017（9）.

达 665TB，因此，临床大数据在未来大数据战略中占重要地位。健康大数据源于大样本人群医学研究、疾病监测，大致分个人生理、网络监控、公共卫生等类别，有全国营养学和健康调查等数据，大多通过移动医疗从专业医疗机构和人员、用户三方获取。目前，大数据为精准医疗提供如下具体应用：

1. 基因电子病历

医疗人员通过个人电子病历中记录的不同时期基因变化解读患病风险。有异常信息时，根据基因变化分析病因，用计算机模拟治疗方案，确认有效后再进行治疗。

2. 评估预防

传统健康管理通过定期体检查看身体状况，但时间跨度大，及时性不足。精准医疗使用电子病历等系统收集个体健康数据，结合组学大数据，及时发现异常，对严重信息发出预警，预防潜在疾病。结合精准医疗的传统检验更好地评估预防未知异常，提高群众生活质量。

3. 精准诊断

目前精准治疗主要指分子诊断，包括个体信息完善和分子数据分析。个体层面，用生物样本库的生物样本信息、电子病历的诊疗记录及其他系统信息完善个体健康数据；分子层面，用基因测序技术分析个体差异，用大数据及云计算应用比对上述两层面数据与数据库中相关疾病资料，用以数据挖掘技术开发的生物信息学分析工具整合信息，为诊断提供分析预测病情及其发展等可视化报告。

4. 精准治疗

精准治疗通过可视化诊断结果，由特定疾病筛选生物样本库的大样本人群生物样本，分析生物标记物，得到病因和治疗靶点，实现精准治疗。研究大样本人群基因，需要某些基因突变和相应特异性药物方案，目前美国已有许多依据上述原理治愈癌症的案例。

5. 精准用药

精准用药是精准医疗本质，即因个体间基因差异因异下药。随着人类基因组计划的完成，生物样本库和数据库技术的进步，挖掘海量数据发现新分子诊断指标，得到以往疾病未知信息，找到疾病新标记，发现新药物设计靶点，实现了精准用药。目前临床上据上述原理对靶向特异性药物的研究已经取得了一定进展。

6. 个性化药物开发

个性化药物是考察个体患者遗传变异、对特定疾病易感性和对特殊药物反应三者间的关系结合个人遗传变异因素开发的药物。很多情况下，因未考虑上述关系，同疾病患者用相同药物有不同疗效。因此根据个体基因差异采取不同诊疗方案，开发个性化药物以提高治疗质量。

未来随着科技的进步，信息的升级，大数据+医疗将成为精准医疗的主旋律，助推精准医疗的高速发展。

第四节　大数据对消费行为预测影响[①]

在大数据时代背景下，消费者面临着海量的信息来源，传统的消费行为受到巨大的影响。大数据对消费者行为预测产生了如下影响：

1. 消费行为更加主动理性

传统消费行为中，由于买卖双方对于商品信息的不对称性，消费者无法获取商品完整准确的信息，加上卖方的各种宣传引导，消费者很容易出现被动盲目的购买行为。在大数据时代，信息的不对称性大大下降了，消费者很容易通过网络便捷、低成本获得商品完整、准确的数据信息。卖方通过传统媒介对消费者的宣传和引导效果也会受到大数据的稀释，消费者会更多地根据数据而不是广告宣传来选择商品，消费行为会更加主动理性。

2. 消费者的品牌忠诚度下降

传统消费行为中，由于消费者无法及时获取商品的完整信息，为了保证消费行为的准确，消费者就会根据品牌来选择商品，逐渐形成了品牌偏好。一旦消费者的品牌偏好形成，就不会轻易改变，给企业带来了源源不断的利润。在大数据时代，由于数据的广泛性和易得性，消费者通过简单的搜索，就可以获得商品真实完整的信息，往往就不会将品牌作为衡量商品品质高低的依据，而且一旦某一品牌出现负面的信息，很快就会被消费

[①] 郭玉杰. 大数据对消费行为的影响与商业模式的演变 [J]. 商业经济研究，2015 (20)：12-13.

者获悉，甚至被消费者所遗弃，这些都导致消费者的品牌忠诚度不断下降，品牌偏好特征逐渐消失。2005～2008年淘宝网出现了众多的淘品牌，以女性用品为主，如韩都衣舍、小米虫子、裂帛、七格格等，吸引了大量的女性消费者，给传统的女性用品品牌造成了巨大的冲击。

3. 消费行为更加多变

传统消费过程中，消费者获取商品评价信息的途径有限，而且卖方能在很大程度上对这些评价渠道进行干扰和控制，这就使得评价信息对消费者消费行为的影响较小，消费行为非常稳定且容易预测。大数据时代，消费者获取商品评价信息的渠道大大增加了，如论坛、微博、QQ、微信等。这些渠道的商品评价信息经过专业的企业或数据公司搜集整理后，得以更加广泛地传播。由于评价信息容易获得而且相对客观，不容易受到卖方控制，消费者往往根据这些信息来决定自己最终的消费行为。由于商品评价信息来源广泛，不易操控，容易使消费者的消费行为出现大的波动，而且难以进行预测。当有利于某一商品的评价信息增多时，消费者往往会大量购买，一旦出现了负面信息，这一商品可能很快就被抛弃，变得无人问津。

4. 消费行为趋于定制化

传统消费模式下，消费行为是标准化的，卖方为了有效降低成本，加上信息来源单一，多样化的消费需求难以体现，市场上出现的是单一、标准化的产品和服务。大数据时代，在海量、迅捷数据的支持下，消费者变得更有想象力，乐于创新。消费者通过大量的数据来了解商品信息以及其他消费者的需求情况，然后根据自身特点提出个性化、定制化的需求，力求与众不同。这种情况下，卖方很难再通过标准化的产品来获得消费者的青睐，而必须以较低的成本提供定制化的产品，才能在激烈的市场竞争中生存下来。

5. 消费行为趋于网络化

传统消费过程中，消费者习惯于到实体店铺通过和导购人员的交流，通过自身的观察和体验来获取信息，最终做出购买决策，整个消费行为是实体化的。大数据时代，消费者更习惯于从网络上获取与商品有关的各种数据，由于数据非常详尽、客观，消费者就无须到实体店铺中进行验证，往往会选择在网络上直接完成整个购买过程。特别是随着移动互联设备的普及，使网上交易变得更加方便、快捷，吸引了大量的年轻消费者。近几年我国电子商务发展迅速，交易额屡创新高，其中淘宝网在 2012~2014 年的"双十一"一天的销售额就分别达到了 191 亿元、350 亿元和 571 亿元，这和大数据的应用有着非常密切的关系。大数据在促进消费行为网络化的同时，又能准确迅速地对网络上的消费数据进行分析处理，不断充实和发展大数据。

第六章　云计算

第一节　云计算技术介绍

云计算（Cloud Computing）是基于互联网的超级计算模式，也是一种 IT 资源的交付和使用模式。过去互联网只是让人们方便地获取信息，数据的保存和处理均是通过本地的软硬件处理，而云计算则是在远程的数据中心，由成千上万台电脑和服务器连接成电脑云，用户通过电脑、笔记本、手机等方式接入数据中心，按自己的需求进行运算，以按需、易扩展的方式获得"云"提供服务资源。其计算能力通常是由分布式的大规模集群和服务器虚拟化软件搭建。

通俗理解，云计算的"云"就是存在于互联网上的服务器集群上的资源，它包括硬件资源（服务器、存储器、CPU 等）和软件资源（如应用软件集成开发环境等）。"云"中的资源在用户端看来是可以无限扩展的，并且可以随时获取，按需使用，随时扩展，按使用付费。通过云计算技术，网络服务提供者可以在数秒之内，处理数以千万计甚至亿计的信息，达到和"超级计算机"同样强大的网络服务。

云计算的内容主要包括架构即服务（IaaS）、数据存储即服务（DaaS）、平台即服务（PaaS）、软件即服务（SaaS）、"云安全"和虚拟化应用等内容。云计算产业链则分为后端云计算数据中心建设、前端云计算服务及云安全三部分。云计算数据中心建设领域主要参与厂商为软硬件基础设施提供商、系统集成商和数据中心运维商。云计算服务领域有 IaaS 服务提供商、PaaS 服务提供商和 SaaS 服务提供商。云安全是云计算大规模应用的基础，几乎所有重量级跨国 IT 巨头都从不同领域和角度开始了"云计算"领域的布局，主要有 Microsoft、IBM、HP、SAP、Oracle、Google、VMware、Citrix 等。

云计算带来的好处在于实现了弹性 IT 投资，提高了 IT 资源的利用效率，降低了企业 IT 投资成本；降低 IT 资源门槛，鼓励了创新，中小企业创新门槛大大降低；提供了前所未有的计算能力、存储能力，使得受限的应用突破了空间—智能电网、医疗服务、车联网等类似需要强大计算能力的应用技术瓶颈。

第二节 云计算+商业创新模式

一、基础通信资源云服务

1. 简介

基础通信服务商已经在 IDC 领域和终端软件领域具有得天独厚的优势，依托 IDC 云平台支撑，通过与平台提供商合作或独立建设 PasS 云服务平台，为开发、测试提供应用环境。继续发挥现有服务终端软件的优势，提供 SaaS 云服务。通过 PaaS 带动 IaaS 和 SaaS 的整合，提供端到端的云计算服务。

2. 商业模式

采取"三朵云"的发展思路。第一，构建"IT 支撑云"，满足自身在经营分析、资料备份等方面的巨大云计算需求，降低 IT 经营成本；第二，构建"业务云"，实现已有电信业务的云化，支撑自身的电信业务和多媒体业务发展；第三，开发基础设施资源，提供"公众服务云"，构建 IaaS、PaaS、SaaS 平台，为企业和个人客户提供云服务。

3. 盈利模式

（1）通过一次付费、包月，按需求、按年等向用户提供云计算服务。如 CRM、ERP、杀毒等应用服务以及 IM、网游、搜索、地图等无线应用。

（2）通过测试环境、开发环境等平台云服务，减少云软件供应商的设备成本、维护成本、软件版权的费用，带动软件开发者开发应用，带动

SaaS 业务的发展。

（3）通过基础设备虚拟化资源租用，如存储、服务资源减少终端用户 IT 投入和维护成本。

（4）提供孵化服务、安全服务、管理服务等按服务水平级别收费的人工服务，拓宽服务的范围。

4. 典型案例

（1）中国电信"e 云"是以云计算为构架的个人移动增值服务，"e 云"是安全的在线备份服务。中国电信"e 云"是中国电信与 EMC 共同投资、联合经营、收入分成的模式。由 EMC 完成设备投资以及技术维护，中国电信提供网络能力和商业运营，运营收益五五分成。

（2）鹏博士云服务未来发展的云计算商业模式是依据其丰富的 IDC/CDN 资源，以骨干网络为支撑，同时保持原有核心电信增值服务、安防监控、广告传媒业务。其发展云服务分为四部分：提供云存储、云主机、数据处理业务的 IaaS 服务；以定制服务、支撑开发环境的 PaaS 服务；云安全、云加速等软件服务的 SaaS 服务以及互联网增值业务、安防监控业务、广告传媒业务，而依靠前向聚人气，后向收费的持续性服务和广告等收费；客户根据自身按数据中心主机以及占用数据使用情况进行付费的模式则是其云服务的盈利模式。

二、软件资源云服务

1. 简介

企业与软硬件厂商以及云应用服务提供商合作，提供面向企业或企业个人的通用服务，使用户享受到相应的硬件、软件和维护服务，享用软件的使用权和升级服务。该合作可以是简单的集成，形成统一的渠道销售；也可以是多租户隔离的模式，即通过提供 SaaS 平台的 SDK，通过孵化的模式让软件开发商的应用程序的一个实例可以处理多个客户的要求，数据存储虽在共享数据库中，但每个客户只能访问到自己的信息。该业务模式主要是基于其他领域已经有很好的厂商提供服务的基础上，从终端用户的角度布局云计算产业链。

2. 商业模式

以产品销售作为稳定的盈利来源向客户提供基于 IaaS、PaaS、SaaS 三个层面的云计算整体解决方案，尝试以 BO 模式提供运营托管服务。

3. 盈利模式

（1）向第三方开放环境、开放接口、SaaS 部署、运营服务和用户推广带来的收益。

（2）收取平台租用费、收入分成或者入股的方式从第三方 SaaS 开发商获得收益。

（3）提供孵化服务按照远程孵化、深度孵化进行收费。

（4）软件升级和维护提供的收益。

4. 典型案例

（1）金蝶友商网在线管理服务。金蝶已开发国内首个专注于支撑行业"云服务"的"前端桌面平台"——金蝶桌面服务系统，它整合所有服务通道，帮助用户一站式获取金蝶云服务资源，为客户构建"随你所需、随时随地、触手可及"的云标准支持服务模式，包括金蝶 K/3 Cloud 云服务企业管理平台、金蝶 ERP 云服务解决方案等产品和服务，并以软件租赁、IT 设备与运维服务以及提供数据为盈利方式。

（2）用友软件云服务。用友软件为了更大程度地满足客户需求，开始向云服务转型，即从原来的卖软件包、提供技术实施和培训的商业模式向以客户为中心的云服务商业模式转型，推进"用友软件+用友云服务"，同时构建"一个云平台"。用友软件云服务包括 SaaS 服务、托管服务、远程管理服务、云支持和云学习服务以及 PaaS 生态链和 IaaS 供应商合作服务。同时以收取平台租用费用、收入分成和从第三方 SaaS 开发商获得收益而盈利。

三、互联网资源云服务

1. 简介

互联网企业基于多元化的互联网业务，致力于创造便捷的沟通和交易渠道。互联网企业拥有大量服务器资源，确保了数据安全。为了节能降耗、降低成本，互联网企业自身对云计算技术具有强烈的需求，因而互联网企业云业务的发展具有必然性，而引导用户习惯性行为的特点要求互联网企业云服务要处于研发的最前沿。

2. 商业模式

基于互联网企业云计算平台，联合合作伙伴整合更多一站式服务，推动传统软件销售向软件服务业务转型，帮助合作伙伴从传统模式转向云计算模式。要做到针对用户和客户需求开发针对性云服务产品。

3. 盈利模式

（1）租赁服务，按时间租赁服务器计算资源的使用来收费。

（2）工具租用服务，开发一些平台衍生工具（定制服务），如远程管理、远程办公、协同科研等私有云的工具，也可以通过向客户提供工具的租用来收费。

（3）提供定制型服务，为各类用户提供各种定制型服务，按需收费。

4. 典型案例

（1）Amazone（亚马逊）AWS 云平台。亚马逊以在线书店起家，成为全球领先的在线零售商，其也是云计算的领头羊。亚马逊在推出云计算之前收购了多家技术产品公司，之后推出了风格独特的云计算产品，也参与开创了云计算的商业模式。亚马逊的云计算产品总称为 Amazon Web Services（亚马逊网络服务），主要由四部分组成：S3（Simple Storage Service，简单的存储服务）、EC2（Elastic Compute Cloud，可伸缩计算云）、SQS（Simple Queuing Service，简单信息队列服务）以及 SimpleDB。亚马逊目前为开发者提供了存储、计算、中间件和数据库管理系统服务，可以在亚马逊云中开发应用软件，并基于亚马逊的收费模式为中小企业提供服务存储、弹性计算及网络存储等服务，并通过 HaaS 的模式进行收费。

（2）谷歌 Google Apps。谷歌公司围绕其核心互联网搜索业务，收购了一批小型公司，并创建了一系列互联网服务，包括域名、电子邮件、在线日历、聊天和可收费的 Google Apps（谷歌应用软件套件）等。Google Apps 就是以网络为基础的 Office 软件。Google Apps 有免费版和收费版两种，收费版每年每用户收费 50 美元。Google 也与 Salesforce 结成联盟，提供 Google Apps 和 Salesforce 产品的集成技术。收费版 Google Apps 及广告收益成为其盈利模式。

四、存储资源云服务

1. 简介

云存储将大量不同类型的存储设备通过软件集合起来协同工作共同对外提供数据存储服务。云存储服务对传统存储技术在数据安全性、可靠性、易管理性等方面提出新的挑战。云存储不仅是一个由硬件，还是一个由网络设备、存储设备、服务器、应用软件、公用访问接口、接入网和客户端程序等多个部分组成的系统。

2. 商业模式

以免费模式、免费+收费结合模式、附加服务模式为云存储商业模式的主流模式，通过这三种模式向用户提供云服务存储业务，而业务模式的趋同目前已成为云存储服务待解决的重要问题之一。

3. 盈利模式

（1）对普通用户基础免费，增值收费（以国外居多数），也就是免费空间加扩容收费。

（2）提供文件恢复、文件备份、云端分享等服务进行收费。

（3）个人免费，企业收费（部分存储公司）。

4. 典型案例

（1）Dropbox 云存储服务。Dropbox 成立于 2007 年，提供免费和收费服务，在不同操作系统下有客户端软件，并且有网页客户端，能够将存储在本地的文件自动同步到云端服务器保存。因为云端服务的特性，Dropbox 的存储成本将被无限摊薄。新注册用户可免费获得 2GB 空间，付费账号分50GB、100GB，以及 1TB 以上的团队账号等级别 。2009 年开始，Dropbox 采取了邀请注册的方式，账号可以同时获得更多的存储空间，从而大大刺激了注册量。

（2）金山云存储。金山云拥有云主机、海量云存储、负载均衡、云关系型数据库等多项核心业务。金山云以个人云存储——企业快盘个人版业务与企业用户存储业务——快盘商业版和云服务平台为云存储的两大基础业务，金山云存储更看重提供后端持久的服务，在个人云存储付费业务中，金山云以稳定为主，并且实现盈利还需长期投入，而对于企业用户市场的快盘商业版就是"只要有用户就会有收入"的收费服务模式，也是金山云现阶段的运行重点。

五、即时通信云服务

1. 简介

即时通信软件发展至今，在互联网中已经发挥着重要的作用，他使人们的交流更加密切、方便。使用者可以通过安装即时通信的终端机进行两人或多人之间的实时沟通。交流内容包括文字、界面、语音、视频及文件互发等。目前,即时通信云服务提供商分为两种,一种是通过提供简单的 API 调用就能零门槛获得成熟的运营级移动 IM 技术;另一种则是提供成熟的即时通信工具,由服务企业来整合云功能。即时通信的云服务基于云端技术,保证系统弹性计算能力,可根据开发者需求随时自动完成扩容。其具有独特的融合架构设计,提供快速开发能力,不需要 APP 改变原有系统结构,不需要用户信息和好友关系,进一步降低接入门槛,直接提供面向场景的解决方案,如客服平台:拥有高度可定制的界面结构和扩展能力,如界面、各种入口、行为、消息内容、消息展现方式、表情体系均可自定义。

2. 商业模式

分为免费和收费两种模式,收费模式是目前即时通信云服务的主要方式,而免费则是大势所趋。

3. 盈利模式

(1)按用户数量级别收费,超过既定数量级按阶梯收费。

(2)按日活用户数收费,超过既定数量级按阶梯收费。

(3)按用户离线存储空间收费。

(4)对于提供成熟即时通信工具的用户来说,则以即时通信为端口推送其他业务进行收费。

4. 典型案例

(1)思科 BE 6000 企业协同办公方案。思科 BE 6000 企业协同办公方案是思科提供的一种协作解决方案组合产品,其特点是可按照企业需求任意部署,可以"混合且匹配"的方式集成现有和新的协作技术,同时消除"锁定"风险,提供部署选择:自有设备部署或云托管。

(2)环信即时通信云。环信所有功能均以客户端 SDK 和 REST API 接口形式提供,并提供完善的接口文档,接口调用 SDK,接口调用示范代码。这极大降低集成商和第三方开发者接入环信平台,做集成和二次开发的投入和开发成本。环信提供多种风格的 UI 模板及源码,完全开源。开发者既可直接使用,也可在源码基础上快速改出自己风格的聊天页面。

六、安全云服务

1. 简介

云安全云服务是网络时代信息安全的最新体现，它融合了并行处理、网络计算、未知病毒行为判断等新兴技术和概念，通过网状的大量客户端对网络中软件行为的异常监测，获取互联网中木马、恶意程序的最新信息，传送到 Server 端进行自动分析和处理，再把病毒和木马的解决方案分发到每一个客户端。病毒特征库来自于云。只要把云安全集成到杀毒软件中，充分利用云中的病毒特征库，就可以达到及时更新、杀毒，保障用户使用计算设备的信息安全。

2. 商业模式

云安全防病毒模式中免费的网络应用和终端客户就是庞大的防病毒网络：通过"免费"的商业模式吸引用户，在提供个性化的服务、功能和诸多应用后实现公司的盈利；防病毒应用可与网络建设运营商、网络应用提供商等加强合作，建立可持续竞争优势联盟，可以最大程度地降低病毒、木马、流氓软件等网络威胁对信息安全造成的危害。

3. 盈利模式

（1）强化安全概念，以免费杀毒扩展其他集成云软件获得收益。

（2）安全软件全套服务获得收益。

4. 典型案例

（1）瑞星的云安全杀毒服务。瑞星"云安全"系统是由千千万万具有"云安全探针"的软件产品在互联网上组成的巨大反病毒软件体系。随着瑞星"云安全"的发展，除瑞星全功能安全软件、卡卡上网安全助手等瑞星产品集成了"云安全探针"的功能外，迅雷、网际快车、巨人、久游等一批重量级厂商也相继加入了瑞星"云安全"计划，这些软件的客户端也同时成为瑞星"云安全"系统中的"云安全探针"。每个"云安全探针"都会把可疑信息上传到"云安全"服务器上进行分析，并从"云安全"服务器上获得最新的"云安全"成果，防范病毒保护电脑安全。

（2）奇虎360防病毒软件。奇虎360防病毒具备了较强的防病毒软件的特质，可以确保计算机拥有完善的病毒防护体系。公司防病毒软件的免费商业模式，开始改变着互联网在云安全时代的运行模式。免费的互联网精神建立起的"服务器云"和"终端云"将最终实现每一个用户在使用网络时无须考虑病毒、木马、网页威胁等问题，防病毒的未来在360公司的两朵云中，几乎可以达到网络安全的最高境界，即网络就是防病毒软件，就是网络安全。

第三节　云计算+商业创新业态

一、无人驾驶

无人驾驶作为人工智能的集大成应用，不是某个单一的技术，而是众多技术点的整合。技术上需要有算法上的创新、系统上的融合，以及来自云平台的支持。无人驾驶是一个复杂的系统，系统主要由算法端、Client端和云端三部分组成，其中算法端包括面向传感、感知和决策等关键步骤的算法；Client端包括机器人操作系统以及硬件平台；云端则包括数据存储、模拟、高精度地图绘制以及深度学习模型训练。

算法子系统从传感器原始数据中提取有意义的信息以了解周遭环境情况，并根据环境变化做出决策；Client子系统融合多种算法以满足实时性与可靠性的要求；云平台为无人驾驶车提供离线计算以及存储功能，通过云平台，能够测试新的算法、更新高精度地图并训练更加有效的识别、追踪、决策模型。

无人驾驶车是移动系统，需要云平台的支持。云平台服务主要从分布式计算以及分布式存储两方面对无人驾驶系统提供支持。无人驾驶系统中很多应用，包括用于验证新算法的仿真应用，高精度地图产生和深度学习模型训练都需要云平台的支持，如高精度地图复杂的生成过程涉及原始数据处理、点云生成、点云对齐、2D反射地图生成、高精地图标注、地图生成等阶段，不同阶段之间产生的大量数据运用云存储使访问速度加快，从而极大地提高了高精地图产生的性能。

无人驾驶是让汽车自己拥有环境感知、路径规划并自主实现车辆控制的技术，也就是用电子技术控制汽车进行的仿人驾驶或是自动驾驶。以云计算为基础打造虚拟仿真系统，可通过大数据快速建模，建立特定地区三维模型，并在仿真系统中模拟不同的光照、不同的天气等。同时，强悍的云计算能力会成为数据管理、应用分析和运营、软件升级、高清地图、路径规划、支付、可视化、城市管理与诊断等功能的重要保障，保证无人驾驶汽车最好的生命周期体验。伴随着云计算和车载计算机计算能力的不断提升，车载计算机系统能在更短的时间内处理更复杂的任务，实现自动驾驶实时感知路况、智能决策和控制。

在安全性得到保证的前提下，无人驾驶行业的规模经济效应明显，一旦建立起市场份额则利润可观。但根据目前无人驾驶产业链的发展，显然有点下游过热，大量的风投涌入下游，特别是整车的无人驾驶初创公司，而许多上游部件及核心模块却没引起太多关注，如贯穿整个行业的云计算服务、传感器、算法及芯片设计等。

二、新零售

在居民消费购买力日益攀升，消费主体个性化需求特征明显，消费者逐渐掌握市场主权的供求关系重构背景下，生产活动和商业活动的出发点转向以满足消费者异质性需求为主，也对商品与消费的适配度提出了更高的要求，从而对零售升级产生了巨大牵引力。在技术升级与消费升级驱动下，新零售应运而生。

新零售是通过大数据和互联网重构"人、货、场"等商业要素而形成的一种新的商业业态，将线下与线上零售深度结合，再加上智慧物流，利用大数据、云计算等创新技术，构成新零售的概念和服务，而云（云计算、大数据）、网（互联网、物联网）、端（PC 终端、移动终端、智能穿戴、传感器等）构建起"互联网+"新社会基础设施，为新零售准备了必要基础条件。

一直以来，零售商依赖于数据塑造与顾客之间的互动，通过信息技术推动商业向顾客深度参与的方向发展。第一阶段，是 POS 系统引入店铺，获得基础数据，并在此基础之上发展会员制度；第二阶段，利用互联网的发展，通过移动端和社交媒体获取有效的消费者信息；第三阶段，伴随近场感应终端、应用场景定位、虚拟试衣镜、传感器、大数据、移动终端等技术，完善商户线下应用场景，实现设备与人之间的实时互联；第四阶段，通过远程无线技术搭建物联网，通过物联网将信息实时传输给有关系统和终端用户，使得无论消费者身在何方，都处于智能设备访问范围之中，从而使得零售商能够从互联的零售系统和设备之中采集数据，并通过智能系统驱动优化操作。

以天猫为代表的新零售平台，通过其云计算、大数据、人工智能等互联网底层技术能力，链接品牌商、供应商、分销商、服务商等零售业生态伙伴，向自助化、智能化发展，形成全新的商业基础设施，全面赋能合作伙伴，与消费者产生全新的链接和互动。在全流程的新零售服务提供过程中，云计算提供了强大的数据存储和计算服务，贯穿整个新零售业发展，对新零售业的技术突破与功能完善起着不可代替的作用。

三、智能制造

随着我国经济由要素驱动向创新驱动的转变，先进制造技术正在向信息化、网络化、智能化方向发展。与全球先进水平相比，我国制造业大部分集中在中低端环节，产业附加值低。因此发展智能制造业成为实现我国制造业从低端制造向高端制造转变的重要途径。云计算作为新一代信息技术的基石，成为智能制造的核心平台。

传统制造业从研发、设计、制造、交付，到运营、管理等，系统之间存在大量的数据孤岛，使制造业从规模型制造向柔性生产转型产生了技术瓶颈。同时，不同系统的数据无法共享，难以互联互通，无法通过全流程智能分析提高业务管理运营效率。在数字经济时代，个性化服务创新能力和市场迅捷的响应速度直接决定着企业的竞争力。

相对于传统的 IT 和业务系统分离现状，以云计算为代表的新一代信息技术与制造业的深度融合，不仅优化了制造业全流程资源使用效率，提高了企业生产效率和经济效益。同时，可以通过制造业产业协作和重塑，带动中国制造业的整体提质、增效、升级。云计算解决了传统 IT 成本高、部署周期长、使用管理效率低下的难题，同时，在数字时代，云计算更大的价值在于快速通过物联网、人工智能、大数据等新技术带动产业融合和升级，培育和推进新兴服务型制造业，为提高中国制造业在全球产业链附加值和规模提供了支撑和创新空间。

云计算深入渗透到制造企业的所有业务流程中，其能够根据用户的业务需求，经济、快捷地进行 IT 资源分配，实现实时、近实时 IT 交付和管理，快速响应不断变化的个性化服务需求。不仅有助于促进创造优质附加值和制造业生产效率的提升，同时提升了制造企业整体的竞争力，灵活应对复杂的国际环境变化，为经济全球化环境下制造企业实现智能制造打下坚实的基础。

云计算作为制造业服务创新平台，以大数据为基础，通过软件服务、协同服务、数据服务，形成资源共享、供需对接的生态服务，实现跨行业和跨企业的协作创新。同时，云计算平台通过上下游产业链协作和全球协同，在延伸和提升价值链的同时，提高了全要素生产率、产品附加值和市场占有率，从而推动中国制造业服务转型和产业智能化升级，是智能制造革新必不可少的基础技术服务。

第四节　云计算平台协同效应对企业的影响

在技术高度发展的时代，商业模式越来越依赖于云计算、大数据的存储和分析功能，越来越多的制造企业通过托管云和混合云替代传统 IT，以提高业务响应速度和企业内部运营效率，从而适应消费者市场多样化的需求。云计算平台的协同效应对企业的影响表现在方方面面，如降低了技术开发成本、增强了生产制造办公的灵活性和精准度、提升企业管理水平等。

我国中小微企业占企业总数的 97%，中小微型企业在国民经济发展过程中扮演着重要角色，为我国创造了 60% 以上的生产总值，创造了 75% 以上的就业机会。与大型企业相比，中小微型企业在信息化过程中一直存在资金短缺、管理不完善、信息化基础较差、集成度不高等问题。云计算的发展与普及，将对我国大部分企业产生重大影响，使其有能力构建并维护企业自身的数据中心，从而更有针对性地进行企业运营和市场跟踪，挖掘云计算里潜藏的巨大商业机遇。通过恰当运用云计算能力，企业可以快速进入市场，或者在现有市场发布新产品或新服务。当需求增加时，则可以迅速扩大；当市场机会枯竭时，也可以迅速缩小，减少时间和资本浪费。

对计算需求量较大的中小企业，不再需要购买价格高昂的硬件，而是从云计算供应商租用计算能力，节省成本、提高效率。由于云计算可以给企业 IT 运营、业务创新等带来明显的功效，上云成为企业常态，未来全社会将把更多的资源投放在云计算范畴中。

第七章　智能终端

第一节　智能终端和移动电子商务

一、智能终端

智能终端即移动智能终端，是指具备开放的操作系统平台（应用程序的灵活开发、安装与运行）、PC 级的处理能力、高速接入能力和丰富的人机交互界面的移动终端，包括智能手机和平板电脑[1]。

二、移动电子商务

移动电子商务（Mobile E-Commerce），从广义上讲，是指应用移动终端设备，通过移动互联网进行的电子商务活动；从狭义上讲，是指以手机为终端，通过移动通信网络连接互联网所进行的电子商务活动[2]。

移动电子商务是借助于各种移动智能终端（智能手机、便携式电脑、掌上电脑，诸如 iPhone、iPad 和 Android 设备等移动终端）以及无线接入技术所进行的电子商务活动，它是移动智能终端技术、无线接入技术和电子商务技术的有机统一体，和传统电子商务技术相比，移动电子商务具有

---

[1]　国家工业和信息化部电信研究院. 移动终端白皮书 [J]. 物联网技术，2012，2（6）：89.

[2]　艾瑞咨询集团. 中国移动电子商务市场研究报告 [R]. 艾瑞咨询，2010.

交易快捷、实时、移动支付便捷等优点。

第二节 智能终端移动电子商务的价值链和运营模式

一、智能终端的移动电子商务的价值链

移动电子商务的产业链主体主要包括：

（1）智能终端设备的提供商：苹果、华为、三星、OPPO、vivo 等。

（2）移动网络的运营商：中国移动、联通、电信。

（3）支付服务商：支付宝、各大商业银行的银行卡。

（4）移动电子商务提供商：淘宝、天猫、聚美优品、京东等。

（5）物流商：顺丰快递、圆通快递、中通快递、邮政快递等。

二、智能终端的移动电子商务的运营模式

随着移动智能终端的不断发展和应用增多，促进了移动电子商务的平台和价值链相结合的盈利模式的搭建。移动智能终端厂商通过搭建双边的市场交易平台，吸收软件开发商来开发软件，扩大了用户的规模。同时，也从中获得了软件的使用费用，形成良好的循环。

1. 以移动运营商为基础的运营模式

目前，我国的移动运营商主要有移动、联通、电信三家，移动运营商指提供数据服务的移动通信运营商。从移动电子商务的角度来看，移动运营商处于移动电子商务的核心位置，控制了整条移动电子商务产业价值链。同时，拥有庞大的终端设备使用者和终端用户的增值服务。

2. 以互联网企业为基础的运营模式

互联网企业是以网络为基础的经营，包括 IT 行业、电子商务和软件开发等。互联网企业经过多年的发展，具有主导移动电子商务商业模式的优势，具备服务和运营能力。智能手机作为移动电子商务的入口，互联网企

业可以开展多种活动和合作、发展特定的与智能终端设备相匹配的移动应用程序。

第三节　智能终端技术催生新业态

一、移动支付

1. 移动支付定义

移动支付是互联网时代一种新型的支付方式，其以移动终端为中心，通过移动终端对所购买的产品进行结算支付。移动支付的主要表现形式为手机支付①。

移动支付根据支付距离的不同，分为两种支付方式。一种是近场支付，是指用户通过手机上的应用软件，或者微信公众号等方式进行刷卡支付，如商场购物、乘坐公交车等；另一种是远程支付，是指用户通过第三方支付平台（如支付宝等）进行结算支付，如网上购物等。

2. 我国移动支付发展现状

随着互联网技术不断地创新发展以及智能手机的应用普及，我国出现了"新四大发明"——网购、高铁、共享单车和移动支付。移动支付打破了传统支付带来的时空限制，为电子商务的发展提供了必要条件。

（1）购物方面。随着电子商务的快速发展，通过电商平台购买服饰受到了人们的热捧，其不仅省时省力，同时也促进了移动支付的发展。除了网络购物以外，线下各个大型商场，甚至街边的小服装店、饰品店等也开始为消费者提供扫码支付等移动支付方式。现今，人们可以通过手机直接购买自己想买的服饰；可以不带现金出门逛街；可以直接用移动支付的方式结账；无须担心出现逛街时选好物品却发现钱没带够的窘境。

（2）饮食方面。随着美团、饿了么等网上订餐平台兴起和发展，移动

---

① 吕斯佳，赵霞. 互联网时代移动支付的发展现状和对策分析［J］. 全国流通经济，2019（3）：15–16.

支付开始进入餐饮行业。消费者可以直接从网上订餐平台中下单并支付，在家中等待外卖送上门。同时，除了线上的餐饮平台外，线下的各类餐饮店也逐步兴起使用移动支付的方式。

（3）生活方面。随着支付宝等移动支付平台的发展，移动支付开始扩大范围。当前，人们可以通过支付宝、微信支付等移动支付平台缴纳家里的水、电、气费；可以购买理财产品、保险等；可以缴纳手机话费；可以向别人进行转账服务；可以随时随地查询自己一周、一月甚至一年的消费情况等。移动支付的不断发展为人们的生活带来了便利。

（4）出行方面。随着滴滴出行、共享单车等移动出行平台的兴起，移动支付手段也逐步渗透进人们的出行方面。人们可以通过在平台上选择乘坐私家车、出租车等，还可以通过扫码支付乘坐公交车/地铁出行。移动出行平台和移动支付平台的结合，给人们的出行带来了极大的便利。

二、智慧城市

1. 智慧城市的概念

智慧城市是指充分借助物联网、传感网，并将其融入智能楼宇、智能家居、路网监控、智能医院、城市生命线管理、食品药品管理、票证管理、家庭护理、个人健康与数字生活等诸多领域，把握新一轮科技创新革命和信息产业浪潮的重大机遇，充分发挥信息通信（ICT）产业发达、RFID 相关技术领先、电信业务及信息化基础设施优良等优势，通过建设ICT 基础设施、认证、安全等平台和示范工程，加快产业关键技术攻关，构建城市发展的智慧环境，形成基于海量信息和智能过滤处理的新生活、产业发展、社会管理等模式，面向未来构建全新的城市形态。

2. 智慧应用体系

（1）智慧政务。是运用云计算、大数据、物联网、人工智能等技术，通过监测、整合、分析、智能响应，实现各职能部门的各种资源的高度整合，提高政府的业务办理和管理效率。移动电子政务使城市管理者摆脱网线的束缚，实现随时、随地处理公务。人们通过移动智能终端随时、随地获取政府信息或电子化公共服务。此外，不少城市的政府部门已经开始对现有政务信息系统进行改造，组织开发政府管理和服务的应用程序，把公共服务事项打包成 APP，供企业或个人用户下载、使用。

（2）智慧交通。在交通智能调度系统的基础上，融入物联网、云计算、大数据、移动互联等 IT 技术，通过信息技术对交通信息的汇集和处理，提供实时交通数据服务。智慧交通大量使用了数据模型、数据挖掘等数据处理技术，实现了系统性、实时性、信息交流的交互性以及服务的广泛性。智慧交通系统主要解决四个方面的应用需求。第一，监控实时交通，获知何处发生了交通事故、何处交通拥挤等，并以最快的速度提供给驾驶员和交通管理人员；第二，实现驾驶员与调度管理中心之间的双向通信，管理公共车辆，以提升商业车辆、公共汽车和出租车的运营效率；第三，通过多媒介多终端向外出旅行者及时提供各种交通综合信息；第四，利用实时数据辅助驾驶员驾驶汽车或替代驾驶员自动驾驶汽车。

（3）智慧安防。随着经济发展和城市建设速度的加快，以及地缘政治、宗教、战争问题的加剧，全球各地的安全问题呈现出明显加剧态势，国内也正在进入"突发公共安全事件的高发期"和"社会高风险期"。智慧安防系统强调的重点是对城市的更为智能的感知，主要依托的技术就是视频监控系统，通过各种有线、无线网络，整合城市各类视频数据，建设一个庞大的城市公共安全防控平台，利用云计算技术，对海量的城市视频进行存储与分析，实现事前积极预防、事中实时感知和快速响应以及事后的快速调查分析。智慧安防的优势在于信息传送及时，集布防、检测、报警、记录于一体，结构简单，适用面广，可以面向任何单位和个人使用。

（4）智慧教育。教育作为最大的民生之一，伴随着城市化的快速推进，教育资源短缺、分配不均、人才支撑体系不够、社会培训体系不健全等问题开始凸显。通过引入新一代信息技术，打造智慧教育平台，可以实现教育的数字化、网络化、智能化和多媒体化；通过教育门户网站、智慧教育学习平台以及教育资源交易平台等模式，快速高效实现优质教育资源的共建共享，推动教育教学以及管理的深层次变革，推动教育的均等化和公平化。从技术层面看，多数地区都是基于云的架构展开，在教育云和政务云的基础上，构建统一资源中心，搭建起"智慧教育云平台、智慧学习平台和智慧教育公共服务平台"，最后通过统一的门户网站或者 APP 对市民提供服务。

（5）智慧医疗。看病难一直是我国医疗卫生产业发展的一大痛点，智慧医疗通过打造健康档案区域医疗信息平台，利用最先进的物联网技术，实现患者与医务人员、医疗机构、医疗设备之间的互动，逐步达到信息化。通过无线网络，使用手持 PDA 便捷地联通各种诊疗仪器，使医务人员随时掌握每个患者的病案信息和最新诊疗报告，随时随地快速制定诊疗方案；在医院任何一个地方，患者都可以登录距自己最近的系统查询医学影像资料和医嘱；患者的转诊信息及病历可以在任意一家医院通过医疗联网方式调阅。

第八章 数字技术对商务活动的影响

第一节 商务数字化对商贸流通的影响

一、确定信息流的主导地位

电子商务时代的基本特征即信息流在 Internet 上流动的同时驱动资金流和物流，信息流在电子商务的活动过程中占据了主导地位，成为物流和资金流的先导和基础。随着互联网等相关技术的发展，信息流成为交易的先导，交易者从网络信息平台寻找商机和交易对象，通过网络进行充分的交流和谈判。因此，信息流是商流的前提，引导着商流的实现。同时，信息流对物流的支配作用也不断加大，物流不再仅仅依附于商流，而是在信息流和商流的共同支配下，以更经济便捷的路线进行流动。从物流为主导到商流为主导再到信息流为主导，反映了商品流通随着商务数字化的发展从原始到现代化的演变，商品流通效率得到较大的提高。

二、改变资金流的实现方式

电子商务是以 Internet 为平台，通过商业信息、业务流程、物流系统和支付结算体系的整合构成的新的商业运作模式，是信息流、资金流和物流的有机统一。电子商务的出现也改变了资金流的实现方式，最为显著的特点即支付形式的网络化，具有数字化、全球化、标准化、直接化、透明化等特点。

1. 资金周转速度快

在电子商务支付平台的支撑下，由于企业、银行、税务、消费者等都在网上自有平台，信息传递速度和办理交易与结算手续速度加快，从而会使资金周转速度加快。

2. 资金流通范围广

在电子商务环境下，电子贸易的发展必将促进资金在世界范围内的流动，并且加快统一了世界货币的形成。另外，世界货币的产生又会反过来促进资金在全球范围内的流动，从而推动世界经济朝全球化方向发展。

3. 资金支付轻便、成本低、安全性高

与传统的货币如纸质货币和硬币相比，电子货币优势越发明显。有了电子商务支付平台的支撑，资金支付的成本低，公司可从中获取收益。另外，电子商务的支付协议充分借用了尖端加密和认证技术，安全性更高。

三、物流出现新的特征

随着"互联网+"概念的提出，互联网技术迅速蔓延至各个行业，尤其是以物联网、云计算、大数据等为代表的技术对各行各业产生了巨大的影响。物流行业在互联网技术发展的影响下，运行方式和组织结构上均产生了新的变化。

1. 物流产业运行方式的变化

（1）仓储智能化。仓储式物流业发展的基础，其运作水平是衡量一个企业物流能力的重要指标。传统仓储物流业机械化程度低，劳动力密集，工作效率低，不但管理成本高企，管理质量也不达标，且在特殊商品的实施监控上也难以实现。随着"互联网+"时代的到来，以云计算、大数据、物联网为代表的互联网技术与传统物流相结合产生了物流业新常态，使仓储向智能化发展转变。在"互联网+"环境下，仓储中心、配送中心等采用机器人、RFID 等设备，通过相关控制和路径规划保证机器人准确地将货物运输到下一处理区，从而实现仓储的自动化操作[1]。在特殊商品监管的

---

[1] 杨英. 浅析"互联网+物流"智能化仓储系统现状与行业发展 [J]. 现代经济信息，2015（15）：332-334.

问题上，在感知技术的应用条件下，实现特殊产品仓库的自动化监控。

（2）配送高效化。传统物流运输业规模化、集约化程度低，运输小、散、乱的市场格局使得物流运输成本高企、效率低下，管理上更是难上加难。"互联网+"的出现成为破解运输业发展困局的关键，云计算、大数据、物联网等技术的应用为传统物流运输业提供了足够的动力。首先，通过互联网交易平台，货主与车主可直接互联，解决了信息不对称的问题，并降低运输车辆的空载率和运输成本。其次，通过互联网交易平台的档案模块可实现对货主和车主的监管来降低交易风险。最后，在货物运输配送过程中，可联合全球卫星定位系统、地理信息系统、互联网技术、移动监控系统等，实时掌握车辆的位置等一系列状态信息，从而实现配送过程的可视化以及保障配送任务的及时完成。互联网及信息通信技术的使用，使物流配送在逐步由低效率向高效率转变，物流运输实现了网络化、现代化。

（3）服务个性化。需求的个性化决定了服务的个性化。"互联网+"的出现，为个性化服务奠定了基础，通过大数据分析方法和工具的运用，分析客户的偏好，制定适合客户的个性化物流服务，如物流配送可选择当日达、次日达及夜间配送等。"互联网+"大环境下，云计算、大数据、物联网等技术的使用，促进了物流行业服务个性化的发展，同时也为物流行业的服务个性化提供了保障。

（4）业务多元化。随着电子商务的发展，物流的需求逐渐呈现小货化、碎片化的发展新局面，传统B2B物流的波动性在逐步加大，该过程使物流企业陷入困境，从而不得不放弃碎片业务，着力于更稳定的业务①，而互联网擅长于通过从海量的信息中识别并提取有用信息整合长尾、碎片信息，互联网将碎片化的物流需求、非计划的物流需求进行匹配、优化，组合成相对应的服务模式，同时，通过模块的设计，满足多元化的客户需求，以此创造海量的服务空间。

2. 物流产业组织结构的变化

（1）物流与电子商务融合加速。物流与电子商务融合形式有两种，一是从电商向物流端发展；二是从物流向电商端发展。当前，越来越多的电

---

① 陈志黄．"互联网+"形态下物流系统创新研究［D］. 合肥工业大学硕士学位论文，2017.

子商务企业开始建立自身的物流平台，如阿里巴巴的"菜鸟物流"；物流公司也开始尝试与电子商务结合，如顺丰推出"顺丰优选"；京东推出"极速达""限时达"等服务及苏宁云商部署"物流云"项目实现规定时间配送。物流与电子商务融合加速发展，在消除冗余环节的同时还能共享信息资源，使产品的整条供应链便于管理。

（2）综合物流中心与大型配送中心合二为一。综合物流中心集铁路、公路货站于一处，形成铁路、公路运输的无缝结合，在物流中心，通过采用相关的物流设备，制定合理的物流流程，从而减少传统物流系统中的多次装卸的浪费，为不落地装运提供条件。另外，有一定经济规模的城市，综合物流中心的配送方式可以选择直达列车，无须再采用传统的转运方式。综合物流中心与配送中心结合，能够利用汽车运输解决整个城市配送问题，而在此过程中信息的传递和数据的处理均需先进的互联网相关技术的支持。

四、商品流通的直接性增强

在传统的流通渠道模式中，中间商居于非常重要的地位。随着买方市场的形成，消费者的利益和偏好成为决定商品生产经营决策的关键因素，为掌握市场变化，生产商产生了跨越流通中间环节，直接控制分销渠道的客观要求。在网络技术和信息技术不断发展的今天，电子商务为商品主导者与消费者提供了及时、经济而又高效的交互式沟通环境和手段。商务的直接性增强已是不可阻挡的客观趋势，它的直接后果集中表现为商品主导者对商务全过程的介入和控制程度的增强，使传统商业中的价值链发生显著的变化，新的商务格局在逐步形成。

五、催发零售业态的革命

改革开放以来，我国零售业快速发展，在短短四十年时间内经历了百货商店革命、超级市场革命、连锁经营革命和由电子商务引起的革命。第四次零售革命，即电子商务引起的零售革命影响范围远超前三次革命，零售业态和经营模式均发生了变化。迄今我国电子商务零售革命经历了三波高潮：第一波是网上零售，以淘宝、京东为代表；第二波是线上和线下相结合，最早是 2011 年沃尔玛（中国）投资一号店，随即掀起线上线下零售企业大串联的 O2O；第三波是智能零售异军突起，以无人商店为代表。电子商务引起的零售革命呈现以下几个特征：

1. 零售业形态变化

随着电子商务的发展，零售业产生了网上商店、智能商店、线上线下一体化经营、跨境电商等新形态，导致零售业呈现平台化、虚拟化、去中心化、智能化、无人化、数字化特征①。

2. 全方位变革

零售业前三次革命多体现在零售业态、零售组织形式的变化，表现形态相对单一，而电子商务环境下的零售革命不仅创造了众多新业态和改变了零售组织形式，还改变了经营模式、盈利模式、场景、营销方式、支付手段、物流等，是全方位的创新。

3. 线上线下融合

O2O 是第四次零售革命的全新创造。线上企业到线下开拓，线下企业到线上发展，形成了地下和空中、有形和无形结合的立体式零售业，零售企业边界大大拓展。便利店成为线上与线下融合的重要载体，不断被赋予新功能，成为传统业态中的佼佼者。

4. 零售业实现资源重新配置

互联网巨头大规模介入实体零售业，以其雄厚的资金实力，通过迅速收购优质实体零售企业，控制优质的零售资源，对零售行业进行了重新洗牌。传统零售业接受互联网企业的改编，成为互联网企业的一个组成部分。

5. 科学技术为零售革命提供持久的动力

随着互联网和人工智能技术的发展，为零售业多样化创新提供了无限的可能，而这些创新与传统商业相结合将形成丰富多彩的商业新模式和新形态。

---

① 李骏阳 . 改革开放以来我国的零售革命和零售业创新 ［J］. 中国流通经济，2018，32（7）：3–11.

第二节 从社会消费（零售）的演变看商务数字化的影响

一、零售 1.0 时代：传统百货

1900 年，俄国资本家在中国哈尔滨开设秋林公司，中国境内第一家百货商场横空出世。中华人民共和国成立后，全国范围内开始组建百货商店，一直到 1957 年，供销合作社在全国形成了上下连接、纵横交错的全国性流通网络，成为满足人们生产生活需要、进行商品流通的主要渠道。

1953~1977 年，这一时期被称为中国的"票证时代"。百货商店的职能除了提供商品和服务外，更倾向于促进社会资源的均衡分配。1978 年改革开放以来，百货商场开始大规模兴起，一直到 20 世纪 90 年代之前，我国的零售业主要是以国有大型百货为主体的单一业态。

二、零售 2.0 时代：专卖店与现代百货

20 世纪 80 年代中期，"超级市场"的零售业态引入中国。1991 年上海"联华超市"的创办标志着我国零售业进入了新的发展时期。自 1992 年允许外资零售企业进入中国零售领域后，我国形成了百货、超市、便利店、专卖店等多种业态并存的格局。

1997 年后，大型超市开始关注生鲜食品经营，随后出现了生鲜超市、社区超市等多种业态。尤其是连锁超市，销售规模逐年递增，成为中国最具市场活力与竞争力的零售业态。

1999 年以后，自行研制和生产的自动售货机逐渐进入中国零售业市场。除了零售业态的逐渐多样化，营销渠道也在这一时期开辟了新的空间。广东珠江频道在 1992 年开播了中国大陆第一个电视购物节目，随即在 1996 年，中国大陆第一个专业购物频道——北京 BTV 走入大众生活。

20 世纪 90 年代外资零售巨头将会员制引入中国，受限于消费者习惯

不同等诸多因素影响，这种仓储会员店的模式并未得到快速发展，但会员制这种新型的模式却在经过本土化的创新后迅速推广，成为零售企业进行客户管理不可或缺的手段之一。

三、零售 3.0 时代：电商与移动支付

2003 年淘宝成立，中国进入电子商务时代。同时，其他电商品牌也开始崛起。电商平台从 C2C 发展到 C2C 与 B2C 多种模式并存，逐渐形成自营式电商。新技术加持下，零售业发展加快了步伐。2011 年 5 月 26 日，支付宝拿到了"第一张支付牌照"。网上订货、电子支付、送货到家，移动化与无钞化逐渐成为国人的日常。2012 年微商兴起，成为"通过个人社交平台发布产品"的一种零售模式。

根据艾瑞咨询 2015 年中国网络购物市场数据，2015 年中国网购市场交易规模达 3.8 万亿元，较 2014 年增长 37.2%，仍将保持稳定增长水平。网络购物行业发展日益成熟，各家电商企业除持续不断扩充品类，优化物流及售后服务外，也在积极下沉渠道发展农村电商、跨境网购，打造新的增长点。2010～2016 年，国内网络购物市场的复合年均增长率（CAGR）约为 47.17%，国内网络购物发展经历了持续高速增长的"黄金时代"。

四、零售 4.0 时代：融合体验

2016 年 10 月，马云率先提出了新零售概念。2017 年 6 月，盒马鲜生北京首店开业，新零售时代拉开序幕。2017 年作为中国线上线下融合的实践年，在消费升级以及数据驱动的大背景下，中国网络零售市场活力重现。2017 年中国网络零售市场规模突破 6 万亿元，在社会消费品零售总额中占比达到 16.4%，同比增长 29.6%，多年以来增速首次回升。

2017 年，在线下商超消费过的用户占比高达 93.4%，其中大型超市是最主要的零售场景，83.8% 的消费者最近一年曾经在大型超市有过消费。通过线上零售渠道进行过消费的用户占比 79.5%，而通过无人零售进行过消费的用户仅占 36.5%，无人零售渗透率较低。

中国生鲜电商市场发展迅速，平均每年保持 50% 以上的增长率。2016～2017 年市场迎来洗牌期，大量中小型生鲜电商或倒闭或被并购，市

场遇冷，但与此同时，阿里巴巴、京东等电商巨头入局，不断加码供应链及物流等基础建设投资，并带来了一系列创新模式，使生鲜电商市场重振活力。体验式购买已经成为除产品之外重要的消费期望，线上线下融合的趋势也日渐明显。

第九章　新零售驱动下的供应链变革

第一节　新零售——技术驱动下的零售变革

2017 年以来，各路玩家在抢占新零售风口方面投入大量资源，为新零售模式不断走向成熟提供了强大的推力。阿里巴巴和京东等电商巨头积极发力线下，补足服务体验缺失短板；传统实体零售企业积极拓展线上，满足人们全渠道的实时消费需求；创业公司则纷纷选择各种细分领域作为切入点，为小众群体提供极致购物体验，同时，也催生出了丰富多元的零售新业态，生鲜电商、品质电商、无人便利店等业态更是让人眼前一亮。

不难发现，无论是电商企业，还是传统实体零售企业，抑或是各种创业公司，都对物流环节给予高度重视，通过精准库存控制、智能分拣、众包物流等手段降低成本，提高用户体验。可以说，新零售的蓬勃发展，不但推动了零售业的转型升级，更为物流业发展注入一剂强心剂，使传统物流迈向"新物流"。

新物流是新零售得以落地的重要一环，没有新物流，也就没有新零售。马云在提出新零售概念时，就强调新零售是线上线下深度融合，再加上现代物流。在消费者掌握交易主导权的时代背景下，企业转型新零售还要回归商业本质，真正为消费者创造价值，而不是舍本逐末用各种营销噱头博人眼球。

传统零售对产品和分销渠道尤为重视，因为当时的生产力有限，产品供不应求，同时，销售渠道较为单一，而如今则不是如此，产能过剩、销售渠道越发丰富多元，零售企业想要继续通过发力产品和分销渠道来构建市场竞争力绝非明智之举。

移动互联网、物联网、大数据、云计算、人工智能等新一代信息技术的快速发展及应用，能够让零售企业为人们创造极致的优质购物体验，满足人们更高层次的情感与精神需求。

开放、共享是移动互联网时代的主旋律，新零售亦是如此，对于很多资金相对缺乏的创业者及中小零售企业而言，以平台思维做新零售是更为可行的方案，比如，为传统零售企业提供信息技术、管理运营等方面的支持，同时，借助传统零售企业的人才、门店、供应链等优质资源，来服务广大用户。

零售企业转型新零售是消费升级背景下的必然选择，而想要做好新零售，必须充分利用各种新技术，推动供应链、业务流程、商业模式及经营管理的优化改造，完善用户购物体验，实现企业自身的提质增效。

一、"盒马鲜生"新零售网红快速发展

盒马鲜生成立于 2015 年 3 月，作为阿里巴巴"新零售"战略的"拳头产品"，盒马鲜生致力于运用大数据、移动互联网等核心技术，自建现代物流体系，为用户提供线上线下一体化生鲜消费体验①。在阿里巴巴的海量资源加持下，盒马鲜生门店数量迅速增长，从 2016 年初开设上海第一家门店，到 2018 年 2 月 2 日成都莱蒙都会店和深圳荟悦城店同时落地，其门店数量已经达到了 30 家，涵盖了上海、北京、杭州、苏州、福州、宁波、贵阳、深圳等多个城市。截至 2018 年 8 月，盒马鲜生门店数量达到 67 家，发展势头迅猛。

同时，消费场景也愈发丰富多元。为满足顾客的消费需求与提升顾客的消费体验，盒马鲜生采用线上体验、线下服务的双向经营模式。线下超市与线上 APP 融合，集餐饮、超市、物流、配送为一体，因此盒马鲜生被称为"一店二仓五中心"，一个门店，即前端消费区，后端仓储和配送区；五个中心分别为餐饮中心、超市中心、体验中心、物流中心和粉丝运用中心②。盒马鲜生旗下的便利店品牌盒马 F2（Fast & Fresh）首家线下门店于

---

① 邢惠淳．"新零售"背景下生鲜电商商业模式比较分析——以盒马鲜生和每日优鲜为例 [J]．商业经济研究，2019（4）：85-87.

② 王宋伟，郑修娟，倪万玉．O2O 新装：对"新零售"模式的研究分析与评价——以上海市盒马鲜生为例 [J]．商场现代化，2019（3）：16-17.

2017 年 12 月在上海落地，门店经营面积为 800 平方米，消费者不仅可以在门店中购买各种日用品，还可以吃寿司、牛排、蒸点，甚至有新鲜可口的白灼虾①。

盒马鲜生便利店品牌盒马 F2 不仅承担着产品展示、销售、售后的功能，还作为盒马鲜生物流配送前置仓，未来盒马鲜生超市将会更多地扮演运营中心、体验中心的角色，而盒马 F2 也将会给予仓储、配送方面的支持，显著提高物流效率，给消费者带来极致购物体验。

二、传统零售企业转型

互联网改变了商业的运作模式，以电商平台崛起的各类商业运营模式冲击了传统的零售模式，迫使大量实体企业不得不加入"互联网+"的改造升级队列中②。传统零售企业在转型新零售过程中，部分实体零售企业和电商巨头合作，部分实体零售企业则是自主布局，同时发力线下线上。在传统零售企业的诸多转型实践案例中，物美无疑值得我们充分学习借鉴。早在 2015 年，物美就和全渠道零售平台多点 Dmall 进行深度合作，使自身的用户群体及市场得到了极大的拓展，促进了数字化基础设施的不断完善，为未来能够抢占新零售风口奠定了坚实基础③。

在物美和多点 Dmall 的战略合作中，多点 Dmall 对物美运营管理进行了改造升级，使其实现仓、配、售一体化，能够为覆盖范围内的消费者提供 2 小时送货上门服务。与此同时，多点 Dmall 提供的秒付、自由购等支付方式让消费者能够在线下门店中免除排队付款的困扰，方便快捷地购买各类商品。

物美深刻认识到在消费升级时代中，价格因素在人们制定消费决策过程中发挥的影响力越来越弱，而对购物环境和消费体验的重视提升到了前所未有的高度。2017 年，物美在其金宝街、联想桥等门店中，推出了"超市+餐饮"模式，让消费者边逛边吃。同时，充分利用大数据、云计算技

---

① 马宏. 全面解析新零售与新物流 [J]. 物流技术与运用, 2018, 28（3）: 92-94, 96-98.

② 徐玉辉, 周维翠, 刘婉云. 传统零售向新零售模式转变过程中存在问题的对策研究 [J]. 经济研究导刊, 2018（20）: 47-49.

③ 王宋伟, 郑修娟, 倪万玉. O2O 新装: 对"新零售"模式的研究分析与评价——以上海市盒马鲜生为例 [J]. 商场现代化, 2019（3）: 16-17.

术对选品及库存进行优化完善，从此前的 13000 个 SKU 降低至 11000 个，迎合人们个性化需求的生鲜产品明显增长（从在门店 SKU 中占比 30%～40%提高到了超过 50%），有力地推动了门店销售业绩的快速增长①。

为了降低物流成本，提高门店经营效率，物美为其线下门店设置了实现数字化管理的前置仓。引入电子价签，对门店销售数据进行实时监测，及时补货，有效解决了缺货、断货问题，同时，前置仓还提供门店 3 公里内的送货上门服务，有效提高了用户黏性，促使用户进行口碑传播。

第二节　新物流——开启零售基础设施革命

何谓"新物流"，我们可以从阿里研究院将新零售定义为"以消费者为中心的数据驱动的泛零售业态"中引申出新物流的定义，即"基于货物流通的数据链接技术驱动的服务支持体系"②。

一、新物流生态的前台、中台、后台

（1）在新物流生态的前台方面。前台包括了丰富多元的购物场景，基于大数据描绘并分析用户画像，为越发个性化的广大消费者提供定制产品及服务。产品成为企业和消费者连接的重要媒介，是企业和消费者交互的有效工具。时间与空间限制被打破，消费者不受地理位置、经营时段、门店品类有限等因素的限制，实现随时随地全渠道购物消费。

（2）在新物流生态的中台方面。中台是新物流服务支持体系的关键所在，它通过柔性生产、智能制造及包括定制服务在内的各种服务为物流赋能。基于地域和营业时间的传统商业逻辑被打破，任何场景的任何两个主体，形成可瞬时达成交易的数字化统一市场。显然，这不是一家企业能够做到的，需要多家企业进行战略合作，共同打造出一个完善的生态系统，

---

① 王宋伟，郑修娟，倪万玉. O2O 新装：对"新零售"模式的研究分析与评价——以上海市盒马鲜生为例 [J]. 商场现代化，2019 (3)：16-17.

② 赵树梅，门瑞雪. "新零售"背景下的"新物流" [J]. 中国流通经济，2019, 33 (3)：40-49.

从而为企业及用户提供精准、高效、低成本的物流服务。

（3）在新物流生态的后台方面。后台是将线上线下实现深度融合及一体化管理的各种基础设施，包括线上的云服务、线下的配送网络及核心连接节点，扮演着控制与指挥的中枢角色。不难发现，京东的"334工程"及阿里菜鸟的"ACE计划"，都是将布局新物流基础设施作为切入点，前者包括无人机、无人车、无人仓及综合性指挥物流体系；后者包括菜鸟指挥大脑、新能源汽车及绿色智慧物流体系。

二、新零售与新物流的关系

新物流是新零售的重要组成部分，是消费者体验的关键影响因素，而新零售的发展又会推动新物流不断发展与完善，二者相辅相成。零售业态的转型升级离不开物流提供的强有力支持。实践也充分证明，每一次新零售业态崛起的背后，物流改造在其中扮演着不可取代的关键角色。

满足消费者实时购物需求的新零售，对物流环节提出了更高的要求，新物流必须结合大数据、云计算、人工智能等新一代信息技术，通过对海量多源数据进行深入分析，实现"单未下，货先行"的物流前置，有效解决令零售企业饱受困扰的库存积压问题，提高库存周转率，高效低成本地将商品送到消费者手中。

第三节　基于新零售环境下的供应链特征

传统模式下，门店的功能仅限于购物，现如今，除了购物之外，门店也开始提供相关的服务，满足消费者的社交、体验需求，并承担物流配送任务。与此同时，零售商除了销售产品之外，也要负责供应链体系的管理与运营。

现阶段，包括大规模企业与中小规模企业在内，所有类型的企业都要积极进行改革，从传统零售转型为新零售，对供应链体系进行调整与优化。这个过程是每个企业都必须要经历的。

相较于传统零售，新零售在商品、技术、内容、服务等方面都发生了明显的变化。但立足于企业战略端与客户端层面来分析，对零售商而言，最为关键的仍然是对传统供应链连接关系进行颠覆。

新零售体现出了明显的数字化属性，这是分析新供应链特征时必须要考虑的一点，不仅如此，未来新零售将继续向数字化的方向发展。从这个角度出发来分析，新零售供应链的特征体现为如下三点：

1. 即时响应

传统模式下，商品从生产端到需求端需要经历许多中间环节，这种流通方式在电商行业迅速崛起的今天也没有从根本层面发生变化，生产企业与终端消费者之间的接触仍然比较有限。随着新零售的发展，供应链上的物流运输、服务提供、客户对接等各个环节的运营都将趋向于数字化，虚拟与实物之间的界限将被打破，利用数据链，企业能够最大程度地降低库存，也就是说，新供应链能够做到即时响应，为消费者即时提供符合其需求的产品和服务，为此企业要颠覆传统的价值链关系。

要做到这一点，企业就必须从整体上提高运营效率。要实现向新零售的转型，就要保证产品本身的质量，并简化交付流程，提高时效性，为此，要从战略层面出发解决这个问题。

2. 快时尚化

现阶段下，企业要想突出品牌竞争优势，就要建设相匹配的供应链体系，紧跟时代的发展步伐，传统模式下，企业在供应链方面往往存在很多不足，供应不及时、商品缺乏差异化优势等问题使企业面临较大的库存压力。在新零售时代下，人们的消费需求已经发生了变化，企业需要对供应链做出相应的调整与变革。

伴随着新零售时代的到来，市场上的商品、服务更加多样，消费者更趋向于选择那些性价比高、符合当下潮流、个性化特征明显、更新快、时尚化的产品，也就是所谓的"快时尚化"，现如今，在数字化的驱动作用下，企业能够做到灵活生产及制造，可进行批量化定制，在准确定位的基础上展开预售，进一步体现供应链的快时尚特征。

服装品牌 H&M、ZARA 是这方面的典型代表，这些品牌能够做到快时尚化，主要归功于其高效的组织机制及完善的管理体系，在后续发展过程中，包括食品、生鲜等的供应链都要转变传统思维模式，向快时尚化方向转变。

3. 定制化

只有当供应链的响应能力提高到足够的层级，企业才能实现定制化生产。定制化模式的实践是对新零售多项能力的考验，具体如准确定位目标用户的能力、小批量产品制造能力、物流响应能力等，在具体发展过程中，企业既要做到个性化定制，又要提高总体生产及运营效率。

在实际运营过程中，供应链集中于优化产品供应、提高产品质量、省略中间环节，以大润发、永辉超市为代表的企业都聚焦于寻找高质量源头，解决传统模式下存在的产品质量问题，并突出产品卖点，以此为出发点，利用先进的技术手段进行品牌打造与运营，提高品牌的附加值。

在新零售时代下，越来越多的零售商开始注重对源头的选择，与此同时，企业正着力打造上游生产基地，并与优质的生产企业建立合作关系，根据自身的实力基础构建相应的平台，实现生产环节、运营渠道与消费环节之间的融合，从全球范围内进行资源调度。

第四节　新零售时代的智能化需求链管理

新零售背景下，日益复杂的市场竞争与动态变化的消费需求，对企业的管理水平、生产能力、服务质量等提出了新的挑战。在供应链管理方面，在开展价格和库存管理之前，应该先建立科学合理的商品结构，并能够对选品进行持续优化。

在新生事物层出不穷的移动互联网时代，企业必须对自身的供应链管理模式进行转型升级，从以企业为中心转变为以用户为中心，从供应链管理转变为需求链管理。

从管理本质上看，供应链管理和需求链管理都需要各环节企业的协调配合，通过多方合作创造更高的整体价值，尤其重视效率和成本。两者的差异在于，传统的供应链管理模式是以企业为中心，以产品为中心，而需求链管理则强调以用户为中心，从满足用户需求的角度上，将供应链的库存、生产、采购、物流等诸多环节和商品管理及前端需求充分结合，建立一个从需求响应到组织生产，再到物流配送及售后服务的闭环生态，这将成为正处于转型期的广大国内企业掘金新零售的核心所在。

之所以要强调通过需求链管理取代供应链管理，关键点在于零售业态很难实现对用户需求的精准感知，很多企业将自身的时间与精力更多地用在组织生产及营销推广方面，对消费者需求缺乏足够的重视，未能通过充分分析用户多元数据来描绘立体化的用户画像。

企业无法创造出充满体验感、参与感、娱乐性、社交性的购物场景，来充分满足用户需求。人、货、场三大零售核心要素处于割裂状态，不能分析出商品畅销背后的逻辑，各个门店应该销售什么类型的商品，什么样的产品组合更加有利于企业实现价值最大化。

这种情况下，企业的供应链管理水平自然相对较低，前端的商品计划、需求计划、促销定价计划和后端的生产计划、采购计划、库存计划及物流计划等缺乏协同，供给和需求失衡，企业承担着较高库存压力，同时，消费者无法买到真正适合自己的商品。

在需求大于供给的传统工业时代，这种供应链管理模式的弊端被快速增长的产品销量与市场份额所掩盖，但如今各行业已经进入产能严重过剩的新消费时代，成本高企、资源浪费、用户体验不佳、效率低下等问题大量涌现，给企业的长期稳定发展带来了一系列阻碍，严重限制了企业的价值变现。

虽然在传统供应链管理模式中，部分企业也在前端及后端积累了大量数据，但并没有充分发掘出这些数据的潜在价值，难以为企业的生存发展提供强有力的数据支撑。新零售时代，企业的供应链管理不仅要服务于消费需求，还要对消费需求施加影响甚至引领消费需求。这就需要企业能够通过自动化、智能化的需求链管理体系，对"人、货、场"三大零售核心要素进行重构，提高供应链管理水平与效率，为自身及供应链上下游合作伙伴创造更多的价值。

在成熟的需求链管理模式中，将通过对商品管理、定价、促销、销售预测、补货、库存管理、物流配送等诸多环节协调配合，在充分满足用户个性化需求的同时，解决企业面临的同质竞争、成本高昂等诸多问题，制定出更为科学合理的经营决策。

如今很多零售企业承受着较高的库存压力，虽然销售额在逐渐提升，但存货价值也在不断增长，使企业面临较高的资金链断裂风险。在需求链管理模式中，除了利用数据分析结果实现科学合理决策外，还将建立起消费者与供应商、生产商、渠道商、零售商及物流服务商之间的协作关系，提高产业链的价值创造能力，实现多方合作共赢。

所以，企业需要对消费需求进行充分分析，用需求链管理取代传统的供应链管理，争取为消费者创造更多的价值。消费需求是需求链的起点也是核心所在，而产品和服务是消费需求两大核心载体。因此，以消费需求为中心，通过对产品及服务的精细化管理，将供应链各环节无缝对接，打造出一个为消费者提供一站式解决方案的闭环生态，将是需求链管理模式落地的有效路径。

第十章　智慧供应链创新引领商务变革

第一节　智慧供应链引领传统供应链转型升级

一、智慧供应链体系的概念及特点

随着"互联网+"智能经济时代的到来，越来越多的创新生产与管理模式涌现出来并被广泛应用，如 JIT（Just In Time，准时制生产方式，又称无库存或零库存生产）、敏捷供应链管理等。这些创新性的生产或管理模式大幅提高了供应链的运作效率，但也在很大程度上弱化了供应链在各类风险事件中的应对抵抗能力。

基于此，有机融合物联网技术与现代供应链管理方法的智慧供应链应运而生，成为未来供应链发展升级的主流方向。

"智慧供应链"这一概念最早是由复旦大学博士后罗钢在 2009 年上海市信息化与工业化融合会议上提出的，指通过有机结合日益发展成熟的物联网技术与现代供应链管理的理论、方法和技术，在企业内部以及企业之间构建的智能化、数字化、自动化、网络化的技术与管理综合集成系统①。

智慧供应链的核心是通过实现供应链中信息流、物流、资金流的无缝对接，最大程度消除不对称信息因子的影响，从而在根本上提升企业内外

---

① 赵然，安刚，周永圣．浅谈智慧供应链的发展与构建［J］．渠道建设，2015（10）.

部供应链的运作效率。与传统供应链相比，融入了智能化、数字化、网络化技术的"智慧供应链"具有以下特点①：

（1）技术的渗透性更强。智慧供应链的运营者和管理者具有更强的技术敏感性和应用能力，会通过各种方式将物联网、移动互联网、人工智能等各种前沿高新技术融入智慧供应链系统中，依托技术创新实现管理变革。

（2）具有可视化、移动化特征。以互联网、云计算、大数据、人工智能等新一代信息化技术为支撑的智慧供应链，在数据信息获取上更加移动化、智能化、碎片化，在数据呈现上也主要表现为图片、视频等可视化的方式。

（3）信息整合性更强。依托高度开放共享的智能化信息网络，智慧供应链系统有效解决了内部成员信息系统的异构性问题，实现了物流、信息流、资金流的无缝对接，从而使供应链中的信息具有更强的整合性与共享性。

（4）协作性更强。信息的高度整合与共享，使企业可以及时有效地了解供应链内外部的各种信息，并基于实际情况随时与供应链上下游企业进行联系沟通，做出有针对性的调整与协作，从而大幅提升供应链的运作效率与效果。

（5）可延展性更强。智慧供应链是以先进的互联网信息化技术为支撑的，供应链中的各类信息具有更强的流动性、整合性与共享性，企业可以随时与供应链上下游的其他成员进行沟通交互，从而大大增强了供应链的延展性，有效解决了传统供应链中因信息层级传递而造成的效率下降问题。

二、构建智慧供应链的意义与价值②

智慧供应链结合了先进的物联网技术和现代供应链管理理论、方法与技术，实现了供应链的数字化、网络化、智能化，是未来供应链发展、变革、转型的必然方向。具体来看，构建智慧供应链的意义包括（见图10-1）：

---

① 赵树梅，门瑞雪."新零售"背景下的"新物流"［J］.中国流通经济，2019，33（3）：40-49.
② 黄敦高，吴雨霏.浅谈智慧供应链的构建［J］.中国市场，2014（10）：20-21.

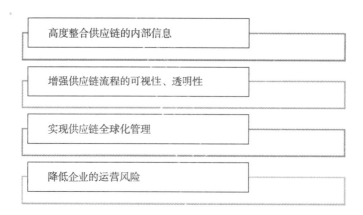

图 10-1　构建智慧供应链的意义与价值

1. 高度整合供应链的内部信息

传统供应链中，成员间的信息交流只是局限于具有直接供需关系的企业之间，同时在实际交流过程中，不同企业采用的信息标准也不一致，从而导致供应链系统中的信息无法实现自由流通、整合与共享。

与此不同，智慧供应链是以智能化信息技术的集成为支撑的，能够借助大数据、云计算、人工智能等先进技术有效解决成员之间信息系统的异构性问题，从而保证了信息在整个供应链系统中的自由高效流通，具有更强的信息整合性与共享性。

2. 增强供应链流程的可视性、透明性

传统供应链系统中，上下游企业之间的信息相对孤立隔绝，缺乏流动性、共享性，整个供应链的可视化程度很低，从而导致上下游企业只能从自身业务和所处环节出发选择合作伙伴，而不能基于对整个供应链系统产、供、销状况的全面了解做出最适宜的选择。这种状况的结果导致供应链中企业之间缺乏一致性和协作性，无法建立良好稳定的合作关系，供应链系统的整体运作效率和竞争力较低。

智慧供应链系统则具有很强的可视性、透明性，能够实现内部企业间信息的充分沟通共享。由此，企业可以及时全面获取供应链中各环节流程的信息，增强对内外部环境的敏锐感知与快速合理的反应能力，并通过与上下游企业的整合协作，实现有序生产管理，提升整个供应链的运作效率与效果。

3. 实现供应链全球化管理

智慧供应链系统具有更强的延展性，有助于实现供应链的全球化拓展和管理；同时又能有效避免因全球化扩张而导致的信息流通不畅、运作效率下降等问题。传统供应链中，信息交流沟通主要表现为点对点的方式，不过随着供应链的拓展和内部层级的不断增多，这种沟通方式越来越难以应对更加复杂的信息流通需求。

与之相比，智慧供应链中信息的高度整合共享性与可视化特点重塑了以往点对点的交流沟通方式，使信息流通更加自由高效，从而打破了成员间的信息交流阻碍，可以更高效和有效地应对供应链系统内部更加复杂的信息流通状况，实现供应链的全球化管理。

4. 降低企业的运营风险

智慧供应链系统具有信息整合共享性、可视性、可延展性以及协作性等优势，有效解决了传统供应链中信息流通不畅、不能共享、成员协作化程度低等痛点，使内部成员可以全面实时了解整个供应链中各环节流程的产、供、销情况，促进上下游企业的有效整合协作，从而降低企业运营风险，提高整个供应链系统的运作效率和效果。

三、借助"智能+"实现四流合一

在"互联网+"的基础上升级提出"智能+"战略，为传统行业企业突破发展困境、实现自我转型升级提供了有效路径和解决方案。经济新常态下，各产业和企业面临着更为复杂多变的商业环境、市场竞争和客户需求，因此需要融入国际产业供应链体系，通过创新供应链服务模式推进企业自身的变革转型，才能实现产业、企业的更好发展。

产业供应链是一种以系统论为支撑的产业运营管理体系，致力于打破组织内部和组织之间在信息、业务等方面的"孤岛"现象，实现产业供应链中生产、采购、运营、分销及所有物流活动的更有效的规划和管理，增强产业链相关各方的整合协作，最终实现商流、物流、信息流、资金流的无缝对接和一体化。

不过，要真正构建出"四流合一"的产业运营体系，首先必须在产业供应链管理上实现"四个有机化"——"产业组织网络的有机化""产业价值网络的有机化""产业物流网络的有机化"和"产业资金网络的有机化"。"四个有机化"对应着产业运营中的信息流、商流、物流和资金流，是相辅相成、彼此影响和相互作用的管理流程和环节。

我们可以用小孩子玩的攻城游戏类比阐释"四个有机化"的管理形态：

（1）甲乙双方需要各自组建一个五人团队，组织者需要考虑找谁加入、为什么要找这个人以及用何种方式说服吸引他加入，这就是"组织网络的有机化"。

（2）五人小组建立后，就要考虑每位成员的分工问题，谁负责攻城、谁负责守城、谁负责路上设防等，这是"价值网络的有机化"。

（3）当一方发起进攻时，需要考虑走哪条路线、分几次进攻、如何合理分配攻城力量等，这是"物流网络的有机化"。

（4）团队组织者还要考虑谁需要做出牺牲、谁负责将对方守军推出线外、团队如何分配胜利成果等问题，这是"资金网络的有机化"。

显然，在产业供应链的运营管理中，实现"四个有机化"并非易事，"互联网+"则提供了有效的解决方案和路径——通过在产业链管理中融入物联网、互联网、大数据、云计算、人工智能等先进的信息化技术手段，不仅可以实现四流的高效整合与无缝对接，也能大幅提升整个供应链的数字化、自动化、智能化、集成化、服务化水平，推动传统供应链转型升级为智慧供应链（Intelligent Supply Chain）。

智慧供应链是以不断创新发展的信息化技术和手段为依托，打破传统供应链系统中组织内部以及组织之间的各种"孤岛"现象，实现商流、物流、信息流、资金流的一体化无缝对接，构建出可视化、智能化、自动化、集成化的供应链形态，从而大幅提高运营管理效率与效果，拓展了服务化的市场空间，最终通过供应链系统的数字化、智能化、智慧化转型升级为产业和企业创造新的效益。

第二节　大数据驱动下的智能化供应链管理变革

一、互联网时代的电子化供应链管理

供应链包括许多环节，具体如供应商、经销商、客户等，所谓"供应链管理"，就是着眼于供应链的整个运行过程，对其各个组成部分实施科学有效的管理，通过进行成本控制让利于客户，加速整个供应链的运营，体现其整体竞争实力。

在互联网时代下，越来越多的企业在业务管理方面趋向于构建完善的供应链。面对激烈的市场竞争，企业要想维持自身的生存与发展地位，就要处理好与合作伙伴、供应商及客户的关系，保持自身的正常运营，并在此基础上获得持续性的发展。如今，信息收集与获取、技术引进与应用、配合协作、资源整合利用等都被包含在供应链管理中，说明互联网的应用已经渗透到供应链管理的各个环节。

在移动互联网时代下，物联网、云计算逐步应用到商业领域，企业的发展伴随着海量数据的产生与应用，大数据时代的帷幕已经拉开。越来越多的企业开始从事大数据的开发与应用，在这种情况下，如果供应链上各个环节的企业之间能够进行有效的信息沟通与互动，则能够提高整个供应链的运营效率。围绕大数据应用建设的智慧供应链呈现迅速发展趋势，并得到众多企业及行业的青睐。

实施供应链管理模式的企业，是将供应链视为一个有机整体，促成供应链上各个环节的企业之间相互协作，对现有资源进行充分利用与优化配置，体现整体的竞争优势。在管理过程中，企业能够根据市场需求对自身的运营模式进行调整，灵活应对外部环境的变化，更好地满足客户的个性化需求，不断提升客户的体验，并在此基础上加速供应链的整体运转。

不同的企业在供应链中所处的位置不同，企业之间的物流、信息流、资金流的共享是整个供应链正常运营中不可缺少的一环。在互联网时代下，随着信息技术的高速发展与普遍应用，市场上涌现出数量庞大、类型多样的数据信息，而在供应链管理过程中，必须借助先进的技术手段与管理工具对这些信息进行及时、有效的处理，才能有效促进不同企业之间的配合。所以，越来越多的企业开始选择电子化供应链，这也成为供应链未来发展的主流趋势。

现如今，互联网已经渗透到企业商务活动的所有环节，颠覆了企业之前的运营与发展模式，企业借助互联网平台的优势，能够将原本分散在各处的资源集中起来，降低商务交易的复杂性，加速企业的运转，帮助企业实现成本控制并完善其服务体系。

供应链管理与网络化应用都已成为企业不可忽视的因素，企业将两者结合应用，能够发挥其协同效应。电子化供应链能够促进不同企业之间的信息交流与合作，帮助企业集中优势资源开展自身的商业活动，并在这个过程中发挥先进技术、专业人才、供应链管理的带动作用，从整体上推动企业的发展。

二、大数据环境下的供应链管理升级

大数据或称"海量数据"，是企业发展过程中的重要信息资产。企业在经营及管理过程中运用大数据技术，能够及时了解市场变化，提高自身的决策能力，对业务运营流程进行调整，加速企业的发展。为了保证数据信息的全面性，企业要通过多种渠道进行信息获取，从而提高数据分析结果的准确性。

有些企业直接面向消费者个体，有的企业则为其他企业提供服务，无论是哪种类型的企业，都可以从电商平台或者消费者反馈信息中搜集数据信息，还能通过多元化渠道进行信息获取。虽然这部分数据与企业的顾客关系管理数据没有直接联系，但其应用能够对企业的产品运营产生重大影响。

20世纪末，美国最早提出了供应链的理论。在对这个新兴概念进行研究的初期阶段，大多数人都将供应链视为企业进行自身管理的一种方式，受到传统思想的限制，以及对供应链的局部性认识，这个时期的供应链管理仅限于在企业内部进行实践，没有带动企业的资源配置与整合利用，也没有在企业的采购环节与其他环节发挥明显的作用，对企业发展的推动作用并不明显。

进入21世纪后，美国研究者对供应链进行了更加深入的分析与探讨，并开始聚焦于供应链各个环节上企业之间的合作，尽管如此，人们还是将供应链管理局限于企业的制造与生产过程中，部分企业在与供应商进行货品交易时也开始采用这种管理模式，与前一个阶段相比，供应链管理在这个时期有了一定的发展，但企业并未将其纳入自身的发展战略。

随着研究者的不断深入，人们对供应链有了更多、更深层次的了解。处于持续发展过程中的企业对供应链管理提出了更高的要求，为了维持自身的正常运营，企业开始注重物流资源的整合，并加大投资力度。在实施供应链管理的过程中，企业除了要进行物流管理之外，还会有意识地增进供应链上各个环节之间的联系，促进多方企业的共同发展。如今，面对激烈的市场竞争，企业开始积极改革传统的制造模式，通过实施供应链管理来提升其核心竞争力。

1. 供应链管理引入大数据

在互联网时代下，企业逐渐认识到大数据资源的价值，并在数据开发与应用领域展开布局，在此期间，企业不仅注重对海量数据的获取，还会对数据进行深度处理与分析，从中提取有价值的信息，通过数据应用来完善企业的内部结构，改革传统经营与管理方式，实现创新式发展，有效提高企业的决策能力。由此可见，在企业管理经营与发展的过程中，大数据能够发挥极具价值的参考作用。

电子化供应链能够进一步强化供应链与网络之间的关系，在企业的发展过程中，其所属供应链结构会日渐完善，业务难度会逐渐提高，为了获得持续性发展，企业必须提高自身的信息分析能力，谨慎选择合作伙伴，并对传统运作模式进行调整。为此，企业有必要在实施供应链管理过程中发挥大数据的作用，通过云计算技术完成对海量数据资源的快速处理，在实现企业成本控制的同时进行信息提取，助推企业的业务运营与发展。

2. 大数据升级供应链管理

企业对大数据的应用情况能够在很大程度上影响其发展。在供应链管理过程中发挥大数据的作用，能够使企业对其原料采购、产品生产、营销、客户关系管理等各个环节的信息进行有效掌握，与供应商、分销商、消费者之间进行良好的信息互动，从整体上了解供应链的运营情况，对其中不必要的环节进行删减，从而降低企业的成本消耗，提高供应链的运营效率，同时，通过分析当前的市场发展趋势，提高企业决策的科学性与准确性。

企业在供应链管理过程中运用大数据，不仅能够全面掌握企业的资源利用、发展需求、交易进度等，还能对海量的数据资源进行及时、有效的处理，为企业的决策制定与战略选择提供精准的参考，帮助企业优化供应链各个环节的运营，提高供应链应对市场变化的能力，使企业通过实施高效的供应链管理凸显其整体竞争优势，并提高供应链的智能化、现代化水平。

三、大数据在供应链中的应用与价值[①]

大数据在供应链中的应用与价值包括以下四个方面（见图 10-2）：

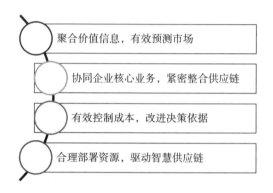

图中文字：
- 聚合价值信息，有效预测市场
- 协同企业核心业务，紧密整合供应链
- 有效控制成本，改进决策依据
- 合理部署资源，驱动智慧供应链

图 10-2　大数据在供应链中的应用与价值

1. 聚合价值信息，有效预测市场

面临激烈的市场竞争，企业需不断提升自身的经营管理能力，才有可能从众多竞争者中脱颖而出。在进行市场开拓的过程中，企业要明确自身定位，并对市场需求及其发展趋势进行有效把握。通过应用大数据，企业能够对海量的数据资源进行筛选、提取与整合利用，从而精准预测市场需求，根据市场变化及时调整自身的战略决策，及时抓住发展机遇，依据数据分析结果，做好供应链上各个环节之间的配合与衔接，对现有流程进行调整，实现内部资源的充分利用，进而扩大企业的利润空间，并加速整个供应链的运转。

2. 协同企业核心业务，紧密整合供应链

通过提高供应链管理能力，企业能够有效实现自身的成本控制。在具体实施过程中，要先对供应链上各个环节的核心业务进行准确定位，比如，产品研发与设计是研发环节的主导业务，与供应商进行合作、引进原材料是供应环节的主导业务，产品制造与相关流程的控制是生产环节的主

---

① 张世宇. 大数据在企业供应链管理中的应用 [J]. 计算机产品与流通，2019（4）：113.

导业务，把握市场需求是销售环节的主导业务，库存管理及配送任务是物流环节的主导业务，维护客户关系是客户管理环节的主导业务等，在运营过程中，企业要利用大数据来加速各个环节的运转，通过数据获取、制定生产计划、调控物流运转、加强客户沟通等方式，灵活应对外部市场环境的变化，加强供应链各个环节之间的联系，发挥整体的协同效应。

3. 有效控制成本，改进决策依据

在实施供应链管理的过程中，企业能够实现先进技术、优势资源、工具设备等的充分利用，集中优势力量进行业务发展。利用大数据分析的结果，企业能够全方位地了解当前的市场发展情况，减少不必要的资源浪费，节约总体成本。

在这个过程中，企业能够实现内、外部资源的整合应用，通过深度的数据处理为自身的市场开拓战略提供精准的参考信息。传统模式下，企业只能根据历史数据或主观经验进行判断，如今，经营者可在大数据分析的基础上做出更加科学的评估。另外，大数据应用能够提高企业信息资源的开放程度，使企业根据市场需求提供相应的产品，降低企业承担的风险。

4. 合理部署资源，驱动智慧供应链

随着电子商务的纵深化发展，供应链包含的内容越来越丰富，供应链管理的难度也逐渐提高，管理过程中产生的数据不断增多。为了在激烈的市场竞争中占据优势地位，企业应该对各个环节的信息进行整合利用，加强供应链上游与下游之间的沟通与协作。

为此，企业要将大数据技术与互联网技术结合起来，从海量信息资源中提取核心数据，体现自身供应链管理的独特优势，建立智慧数据库，涵盖数据统计、市场分析、产品研发、库存管理、渠道选择、客户信息追踪、风险管控等各个方面，实现资源的优化配置，提高供应链的智能化水平。

企业要认识到大数据的价值所在，在实施供应链管理的过程中，通过对数据资源进行获取、分析、存储、应用，更好地对接客户的多元化需求，进行产品创新，调整业务流程，发挥供应链的整体优势，了解同类企业的发展进度，不断赶超竞争对手，将大数据应用到供应链管理过程中，为企业创造更多的发展机遇。

四、借助大数据提升供应链物流管理

总体而言，供应链物流能力包括两方面：供应链物流要素能力以及供应链物流运作。为了提升供应链物流的要素能力，要对企业的物流设施、物流设备及物流要素进行改革与升级，物流要素能力体现在企业实施供应链管理的各个环节。随着电商行业的迅猛发展，物流供应链将趋向于智能化发展方向，信息技术将贯穿于整个物流体系的运作过程。

在这里对智能化物流体系的运作过程进行简要分析。当消费者登录商家的网页之后，运营方就会在大数据分析的基础上，为其呈现丰富的商品信息，帮助消费者节约搜索商品的时间与精力成本。在消费者下单之后，商家会接收到订单信息，此时，商家的供应链就进入运行状态，首先是确认订单信息，接下来对商品的存储位置进行搜索，然后用智能化设备取件，包装人员会对产品进行包装，注明收货人的地址、联系方式等，然后由专业设备将产品运送到发货地点，用信息设备识别收货地址，并根据运送地点对货品进行分类处理。

企业通过完善供应链的物流体系，不仅能够节省人力资源，降低成本消耗，提高货物发送的准确性，而且加速了电商行业的整体运营，使供应链的物流能力有了突破式的发展。由此可见，未来传统的物流运作模式都会趋于智能化发展，实现自身的转型升级。

供应链物流的运营效率主要受两个因素的影响：一个是供应链流通环节涉及的物流要素的能力，以及不同要素之间的衔接性；另一个是物流网络体系的组成方式。当供应链物流的效率较高时，企业在产生物流需求后就能迅速采取措施。企业的物流需求分为两种：动态需求与静态需求。在不同的需求下，企业要采取不同的方式来提升其物流要素的能力。

对于动态需求，企业的研究者要对供应链的特征及相关信息进行把握，在此基础上找出不同物流环节的物流能力要素存在何种需求，在这种情况下，如果企业无法给出确切的供应数量，为了满足其发展需求，要将供应链划分成不同等级，通过运用动态规划模型为企业提供最佳的物流解决方案。另外，对物流需求与企业的运输能力匹配情况进行评估，发挥企业物流能力在供应链运行当中的支撑作用，在进行物流投资时，准确预估投资回报率，运用数学模型，对企业的物流能力进行科学判断，提高企业的物流需求响应速度。

针对静态需求，企业要对供应链的流量状态及其变化情况进行分析，运用矢量分析模式，并参照企业的供应链物流模型，根据供应链的物流反应能力、总体流通情况等因素对其运营状况进行判断。为了提升供应链的物流能力，需实现各个节点之间的有效连接，并将供应链上各环节之间的物流运转串联起来，从整体上推动供应链物流的发展。

对于供应链物流的管理，大多数企业通常都聚焦于物流能力要素，但对于供应链的组织模式、供应链各个环节的整合关注度较低，事实上，企业应该在供应链集成、各个环节间的合作、整体决策等环节中投入更多的资金与精力，加强不同企业之间的合作，依托合理的机制与先进的技术手段对供应链的组成结构进行优化。

在后续发展过程中，越来越多的企业将采用整合化方式实施供应链管理，促进不同节点、不同企业之间的信息沟通与共享。与此同时，企业要根据互联网时代的发展需求，采取有效措施促进供应链的完善与优化，通过加速整个供应链的运转，拓宽自身的利润空间。

如今，信息科技呈现出迅猛发展姿态，身处这种大环境下的企业要对客户的需求进行准确定位，并通过与其他企业合作提高自身的反应能力及市场适应能力，通过整合优势资源为客户提供多样化的服务，并通过这种方式提升企业的利润所得。

第三节　新零售环境下的智慧供应链战略

一、京东智慧供应链的建设发展历程

2017 年，京东物流展开了密集的行动，2017 年 4 月 25 日，京东集团宣布，要正式组建京东物流子集团，2017 年 5 月 22 日，京东与西安航天基地签订了京东全球物流总部、京东无人系统产业中心、京东云运营中心合作协议，在智慧供应链领域展开布局，五年内计划投资 205 亿元①。

2017 年 5 月 19 日，京东及中国物流与采购联合会共同发布《中国智慧物流 2025 应用展望》，该报告的数据统计结果显示，中国物流数据、物流云、物流技术服务的市场规模在 2016 年已突破 2000 亿元大关，预计到 2020 年，国内智慧物流服务的市场规模会突破万亿大关②。

对京东近两年的行动进行分析能够看出，以往，京东的物流建设重点集中在基础设施建设方面，现如今，京东开始在智慧供应链领域展开深度布局。与京东类似的是，亚马逊也建立了完整的供应链体系。近年来，亚马逊也在积极建设智慧供应链，并取得了一系列成就，比如亚马逊建无人仓库，用无人机送货等，向人们展现智慧供应链的广阔发展前景。

2015 年开始，京东就开始发展无人仓、无人机、无人车，并将其作为京东智慧物流的三大支柱。身为世界上第一家提出用无人机打造短途航空物流网络的企业，京东正在积极布局智慧物流。

到 2017 年时，京东在全国建设了七个"亚洲一号"智能物流中心，利用先进的技术手段代替人工劳动，实现了自动化货物存取、包装、出库及入库等操作。与此同时，京东开发的无人机也在陕西、江苏、北京等地完成了配送任务，2017 年 6 月，京东无人车完成首单配送任务。由此可见，作为电商企业，京东在智慧供应链的布局、对智慧物流的发展领先于同行，在时间方面占据了优势。

京东与西安航天基地签订合作协议，在打造智慧物流三大支柱的同时，还加大对人工智能与大数据技术的投资力度，进而推动京东智慧供应链的发展。

总体而言，智慧物流由智慧化平台、数字化运营及智能化作业三个板块组成，其中，智慧化平台的运营发挥着主导作用，是其他两个板块运行的前提与基础，数字化运营能够带动智能化作业，智能化作业则负责执行智慧化平台发布的指令。

具体而言，在智慧供应链体系下，企业主要依靠智慧化平台制定决策、计划，依靠数字化平台对货品供应量、采购价格、仓储区域、消费者需求等进行定位，给企业的发展提供有效的信息参考，保证企业在各个环

---

① 郭月宁. 京东集团与航天基地签订三大总部落户西安合作协议［N］. 华商报，2017-05-23.
② 京东物流，中国物流与采购联合会. 中国智慧物流 2025 应用展望［J］. Useit，2017（7）.

节的智能化运营。

智慧供应链的建设离不开人工智能技术的支持，为了促进人工智能技术的研发及应用，企业应该注重对数据资源的获取，并保证数据的准确性和有效性。京东与亚马逊在平台化运营过程中，能够及时获取有关各类商品的营销情况，在实施自营模式的过程中，准确获取海量的信息资源，为人工智能技术的应用打下基础。

由此可见，京东与亚马逊在获取商品研发、生产、储存、营销、配送、消费等数据方面拥有绝对优势。在数据获取的基础上，企业可利用人工智能技术对海量的数据资源进行分析与处理，结合人工智能信息系统，依靠其自主学习能力，在综合考虑多方面因素的基础上得出数据分析结果，为企业的运营提供精准的参考。

包括电商企业及实体企业在内，企业要想获得持续性的发展，就要提高自身的供应链能力。在新零售时代下，零售企业要根据市场需求开展自身运营，为此，企业必须对传统供应链进行改革，通过智慧供应链来获取人们的消费习惯、需求及偏好，为企业产品研发、生产、存储、营销、配送等环节的运营提供有效的参考。

二、效率赋能：优化零售产业链运营

商品选择、价格定位、销售计划制定、库存管理是零售产业链的主要组成部分。企业通过打造智慧供应链，能够全方位地优化零售产业链的运营。

在商品选择方面，电商企业主要通过平台页面向目标消费者进行商品展示。为了促进自身的产品销售，企业要根据消费者的需求进行商品选择。传统模式下，企业需采用人工方式对商品的销售情况进行统计与分析，但这种方式涵盖的数据量少，效果也不理想。

与传统零售企业相比，京东平台上的商品种类更加丰富，增加了企业的商品选择难度。比如，选哪种商品作为热销品，哪种商品用来开展促销活动等。在商品种类过多的情况下，传统模式已经不适应企业的发展需求，如果企业在这个环节操作不当，就会导致销售计划难以执行，增加商品库存，提高企业在这方面的成本消耗。

企业利用人工智能技术，结合大数据的应用，能够及早发现市场需求量高、用户认可度高的商品，为零售的商品选择提供有效的参考，有利于企业优化生产。举例来说，PC市场的不景气，让许多PC生产企业面临巨大的压力。为了促进二合一笔记本产品的销售，京东依托人工智能技术与大数据技术对用户需求进行深度挖掘，并与生产企业联手进行产品改进，有效提升了二合一笔记本的销量。

在价格制定方面，企业要依靠人工智能技术设置合理的商品价格。价格因素能够对消费者的决策制定产生重要影响，所以，零售企业要注重对价格的设置，在把握消费者心理的基础上提高价格的吸引力。

传统模式下，企业主要根据经验设定商品价格。如今，企业可通过人工智能技术和大数据技术，依据产品特点、组成结构，以及目标消费者的接受度等为其设置合理的价格。不仅如此，企业还能分析出价格变动幅度对商品销售情况的影响，找到价格因素与产品存储量之间的关系，按照市场情况的变化进行价格调整，优化库存管理。

举例来说，知名运动品牌"李宁"面临服装产品线下滞销的问题，为解决问题，李宁联手京东对各类仓库实施系统化管理，根据市场需求制定供应计划，进行商品配送等，优化了企业的库存管理，通过实施智能化定价，增加了企业的营收。

在销售计划定制方面，企业要做好以下几方面的工作：一是找出适合打造成爆款的产品，用于吸引更多用户；二是找出利润空间最大的商品；三是对不同地区的商品需求情况进行分析；四是对各个仓库的商品存储量进行统计，加速供应链的运转，及时供货；五是找到降低库存成本的方法，避免货物囤积。

由于京东的商品种类十分丰富，只能利用人工智能与大数据技术对市场发展趋势进行分析，据此制定企业的销售计划。在库存管理方面，零售企业首先要认识到这个环节的重要性。京东是一个自营零售平台，尤其要注重库存管理及其优化。在具体操作过程中，要保证商品的及时供应，并加速其库存周转。

企业通过加速库存周转，能够降低成本消耗，扩大自身的利润空间。在实施库存管理的过程中，企业要利用人工智能技术，结合大数据技术，对不同地区的商品市场接受度进行分析，据此制定企业的库存管理计划，设定合理的商品价格，及时补货。

大多数电商平台需要两个月甚至两个半月的时间完成库存周转，京东则只需一个月左右的时间，比竞争者更具优势。在智慧供应链领域展开布局后，京东将进一步加快库存周转。如今，除了自营商品之外，京东的智慧仓储物流服务还面向第三方开放，包括李宁、金龙鱼、良品铺子在内的商家都依托京东的智慧物流系统实现了库存管理的优化，提高了库存周转速度，减少了对库存空间资源的浪费。

京东与西安航天基地签订合作协议之后，很有可能在智慧供应链建设方面取得突破性进展，并借助技术手段提高电商产业链的智能化与现代化水平。另外，京东于 2016 年 11 月宣布，京东物流将以品牌化运营的方式全面对社会开放，有利于带动国内物流行业的发展，为传统制造业与零售业的转型升级提供有力的支撑。

三、需求驱动：实现数字化库存管理

以智能化和信息化为核心的第四次工业革命正席卷全球，面对世界性大趋势，电商巨头京东立志要进行技术转型，并于 2017 年 3 月对外发布"Y-SMART SC"智慧供应链战略，推出 YAIR 零售人工智能算法平台，为自营平台及第三方商家提供智慧供应链解决方案，从数据挖掘、数据再造、人工智能及技术驱动方面入手，解决企业的相关问题。

京东的智慧供应链战略是由京东 Y 事业部发布的，该部门主要从事供应链技术研发，并负责实施库存管理与优化，其具体工作包括两项：一项是发展供应链相关技术，为企业的运转提供支持；另一项是以供应链库存管理为核心，改进库存周转、货品供应、商品销售等相关的关键绩效指标。

电商平台应该通过打造需求驱动的供应链获得更加持续、健康的发展，在这个过程中，企业要为供应链的建设提供信息化、数字化的环境。在传统供应链模式下，企业尚未实现对消费者需求信息、市场环境变化信息的数字化处理，也就无法根据供应链体系决定商品的储存数量，以及通过哪个仓库为某市场供应商品。

为了解决传统供应链存在的弊端，京东开始着手打造智慧供应链。在电商行业迅猛崛起的同时，京东积累了庞大的用户基础，并建立起完整的物流系统。借助先进的技术手段，京东对供应链相关信息进行了数字化处理，帮助平台准确锁定消费者的需求，并对其内在需求进行深度挖掘，对供应链需求侧的商品价格、市场位置等进行推测，促进供给侧与需求侧运营之间的有效对接，在实现成本控制、加速整体运营的同时提升消费者的体验。在这方面，京东智慧供应链集大数据选品、智慧预测计划、商品价格制定、库存管理为一体。

自 2016 年 11 月建立以来，京东 Y 事业部始终专注于供应链打造及优化，并在发展过程中取得了进步。

（1）在内部。京东依托大数据与人工智能技术，提高了补货环节的自动化、智能化水平，在数据获取与分析的基础上选择符合市场需求的商品并制定合理的价格。自动化补货是指，在企业产生供货需求时，可利用智能库存系统自动发送采购信息，代替传统的人工劳动。另外，智能库存系统的数据能够为企业的库存管理提供精准的数据参考，保证产品供应满足企业的销售需求。

（2）在外部。京东积极建设人工智能平台，在开展平台运营的同时，推出一些相配套的应用产品。在这方面，京东推出的 YAIR 零售人工智能算法平台具备信息预测、优化管理、模拟仿真、舆情分析等功能。

与此同时，京东还不断加强与合作企业之间的沟通互动关系，向合作伙伴开放自身的供应链技术，促进共同发展。

2017 年"6·18"年中大促销期间，京东发挥了智能供应链的作用，与供应商之间相互配合，提前制定供货计划，确定供货时间、提供货品的仓库、货品供应数量等，未来，随着京东对智能供应链的深度布局，其平台活动的效果也将得到进一步的提升。

四、深度学习：智慧供应链的新探索

企业在建设智慧供应链的过程中，要聚焦于销售预测与动态定价两方面的发展，为此，京东利用机器学习算法及深度学习方法展开了一系列探索。

（1）从销售预测的角度来分析。企业利用机器学习算法，通过建立预测模型，对不同商品的特征进行获取与分析，并找到商品特征与其销量之间的关系，对产品的销售额进行预估，并将相关信息提交给仓库，便于运营人员安排货品供应。

在这个过程中，企业可使用机器学习算法找出最适合的预测模型。要根据市场需求对产品的销售情况进行预估，就不能忽视市场位置、季节性因素等的影响。在这方面，京东利用数据分析对产品的销售情况进行预测，据此安排货品供应，在使用机器学习算法的同时，对消费者的相关信息进行把握，并积极学习其他企业的优秀经验。

（2）从动态定价的角度来分析。对内，京东以量价关系为基准，利用数学模型对不同种类商品的差异化特征进行分析，借助人工智能技术给商品设置合理的价格。对外，京东注重对市场信息的获取，了解竞争对手的发展进度，考虑这些因素对自身商品价格的影响，以商品的品类特征为基础，找出能够影响商品价格的因素。不仅如此，企业还要提高风险抵御能力，提高价格制定的科学性。

运筹学算法也能够帮助企业对产品销售情况进行科学、准确的预测，在这方面，京东致力于实现不同算法之间的整合利用。

在进行数字化、大数据、算法应用时，京东的探索并非一帆风顺，而是在整体方案制定与改进、数据清理及建模、对外开放人工智能应用方面遇到了许多阻力。如今，京东在数据清理的基础上，已经能够为其商品选择、货品供应提供指导，并据此设置合理的产品价格，对销售情况进行预估。

（3）算法应用也要求企业的运营部门具备足够的能力。为此，京东正在积极组建专业的人才队伍，对不同算法进行比较、筛选，并寻找恰当的方式为合作企业提供自己的人工智能产品。

根据以往的经验，京东制定了完善的零售供应链管理解决方案。企业在供应链管理系统上确立了多个关键节点，并采用合适的算法和模型，结合相关技术促进各个环节的运营，同时，利用大数据技术对其运营效果进行监督。另外，京东建立起自己的零售生态，并向合作伙伴开放其供应链系统，形成了自己独有的优势。

近年来，京东商城十分注重对人工智能技术的研发与应用，并在产品销售预测、供应链调整、智能化运营、产品定价等方面取得了显著的成就。未来，京东会继续布局智慧供应链，对内部运营及外部发展都将产生深刻的影响。

在内部，京东将持续优化自身系统，进一步满足业务人员的体验需求。为了推动自身的业务发展，京东将从如下三个角度入手：

（1）用智能决策代替经验决策。内部运营人员、各个部门及企业整体都将改变传统的决策方式，实现预测销售，提前制定规划。

（2）用智能采销代替传统采销模式。选择合理的采购方式，确定货物存放地点，科学设置商品价格。

（3）用智能运营代替传统运营模式。为各地的仓库、配送站提供精准的参考数据，优化企业的仓库管理，提高空间利用率。

京东致力于实现决策、采销、运营环节的智能化运作，从而推动自身的业务发展，并不断改进各个系统的界面呈现效果，简化其操作流程，通过这种方式为业务方提供更多的便利，降低他们的使用难度。

在外部，京东将为品牌商、零售商等在内的第三方提供其内部供应链人工智能应用产品，帮助合作企业改进原有的供应链管理策略，为此，负责进行指挥供应链优化的 Y 事业部需要加大探索力度，并保证自身运营符合企业的整体发展趋势，推动企业的技术转型。

第三篇

应用篇

第十一章 案例分析

第一节 阿里巴巴

一、企业概况

淘宝成立于 2003 年 5 月 10 日，是阿里巴巴旗下电子商务平台公司，后拆分为沿袭原 C2C 业务的淘宝网（taobao）、平台型 B2C 电子服务商淘宝商城（Tmall）和一站式购物搜索引擎一淘网（etao）三大独立电商平台公司。

作为亚洲第一大网络零售平台，淘宝的目标是致力于创造全球首选网络零售商圈，其运营模式主要为 C2C（消费者对消费者）以及 B2C（商家对消费者）两种。截至 2017 年 12 月，淘宝已经完成注册的用户 8.7 亿人，年度交易总额已突破 1 万亿元。此外 2010 年阿里巴巴独创的天猫"双十一"营销方案，截至 2018 年 11 月 11 日已有八年历史，2018 年 11 月 11 日当天销售额为 2135 亿元。由此可见其用户规模巨大，且在互联网电商平台中具有不可撼动的地位。

目前全国每天 1/3 的宅送快递业务都因淘宝交易而产生，淘宝的出现为整个网络购物市场打造了一个透明、诚信、公正、公开的交易平台，进而影响了人们的购物消费习惯，推动了线下市场以及生产流通环节的透明、诚信，从而衍生出一个"开放、透明、分享、责任"的新商业文明。

二、运营情况

1. 淘宝平台运营数据分析

淘宝在运营初期并不为大多数消费者和商家所接受，实体店仍是大众消费的最主要场所，但在淘宝坚持"商家免费开店"的经营策略，最终还是改变了商家的经营方式以及消费者的消费选择。数据显示，2014 年底的淘宝实现注册会员近 5 亿家并持续稳定上涨，日活跃用户超 1.2 亿人，在线商品数量达到 10 亿件，在 C2C 市场，淘宝占 95.1% 的市场份额，手机淘宝+天猫的市场份额达到 85.1%[①]。截至 2017 年底，淘宝创造的直接就业机会达 467.7 万。2018 年，平均每个月有超过 6 亿名用户活跃在淘宝上，每位女性用户平均每天打开淘宝的频次约为 10 次，每位男性用户平均每天打开淘宝的频次则在 7 次左右[②]。

如今，随着中国互联网电商平台的兴起及逐渐发展壮大，我国建立的电子商务平台已经有淘宝、京东商城、拼多多、网易海淘购、拍拍网及易趣网等，但淘宝的运营依旧最为成功，也是国内广大网购人士最常用的购物平台。

2. 智能商务在淘宝运营中的体现

（1）淘宝开创了智能时代。在中国，淘宝最早构建以商品、交易、支付、会员为核心的系统，实现了"买卖在线化"；经过长时间的运营摸索，也开始挑战移动操作的多样性，完成"移动交易场景化"命题。如今，跟随新科技迭出和互联网普及的浪潮，淘宝正在开创智能时代，利用 VR 等新兴互联网技术，移动端的消费场景也开始变得媒体化、交互智能化。

（2）淘宝利用商务智能创造消费新场景。近年来，淘宝把商务智能融合在图片、流媒体、直播等领域，创造出不少新兴商业场景。以淘宝的"拍立淘"为例，它通过对图片的深度理解，实现了毫秒级别的图片索引响应。目前，"拍立淘"覆盖超过 3 亿商品、30 亿张图片，每日用户量

---

① 淘宝天猫公布最新用户数：活跃消费者已达 6 亿［EB/OL］. 中关村在线，https：//baijia-hao. baidu. com/s？id＝1616169053874764979&wfr＝spider&for＝pc.

② 百度百科，https：//baike. baidu. com/item/淘宝网/112187？fr＝Aladdin.

1700 万，行动转化率达 15%，俨然已成为淘宝一个新兴的交互入口与消费场景①。

（3）淘宝利用商务智能让商家运营更高效。淘宝始终在努力让商务智能成为商家运营的好帮手。如 AI 设计系统"鲁班"，它"千货千面"，能实现快速、高质量的图像生成。2017 年"双十一"期间，"鲁班"完成设计素材总量 4.1 亿，日峰值生产素材 5000 万，相当于 200 个设计师 200 年的工作量。如今，"鲁班"已服务上云，开放给普通商家，覆盖 2000 万商品，大量释放传统美工的工作成本。

在商家耗费大量人力成本的客服服务方面，淘宝也推出了赋能工具"小蜜"。"小蜜"智能客服沉淀了 11 个行业、541 类场景的算法模型，实现 70% 客服聊天场景的自动响应。如今，"小蜜"每天接待线上客服咨询 3000 万次，帮助商家缩短响应时长 55%，头部商家的客服解决率达到 60%。

三、企业发展战略及动态

淘宝平台在未来发展中关于商务智能的计划和方向可以概括为如下几点：

1. 利用商务智能实现消费"以人为中心"

目前，在淘宝每日新增的短视频中，消费者生产内容占到 70%，他们不仅享受购物乐趣，还会积极分享内容、建设社区。未来，淘宝技术将全面覆盖和渗透到消费者运营、大数据测评、供应链改造等方方面面，努力实现全方位数字智能化，实现"以人为中心"。未来，通过持续创造更多新奇有趣的消费场景，高效链接消费者与内容、消费者与商家、商家与内容，淘宝将尝试"既做一个能种草的媒体，也做个能拔草的知己"。

2. 将智能商务作为主要生产力之一

对于淘宝而言，智能商务技术是未来运营的主要生产力之一。将来，淘宝会将各种前沿技术应用到消费场景中，如和优酷合作边看边买，与时尚、新零售结合，推出 Fashion AI（时尚之心）等。淘宝平台的技术创造了新的消费场景，也将成为跨界碰撞的黏合剂。

---

① 天下网商. 淘宝商家大会干货来了：更简单、更普惠、更创造 [EB/OL]. 搜狐，https：// www. sohu. com/a/232066032_114930.

此外，淘宝还会将技术应用到商家运营层面，让技术成为"裁判"，使得平台运营、规则更加公平、透明，改善商家的营商环境。

第二节　腾讯

一、企业概况

微信（WeChat）是腾讯公司于 2011 年 1 月 21 日推出的一个为智能终端提供即时通信服务的免费应用程序，微信支持跨通信运营商和操作系统平台通过网络快速发送免费语音短信、视频、图片和文字。此外，微信用户也可以使用共享流媒体内容的资料和基于位置的社交插件如"摇一摇""漂流瓶""朋友圈""公众平台""微信小程序"等服务插件。

二、运营情况

1. 微信平台运营数据分析

（1）总体运行数据。2019 年 1 月，腾讯公布的 2018 年第一季度财报显示，微信用户首次突破 10 亿，达 10.4 亿，超过 2017 年底我国 7.53 亿的手机网民规模，微信已实现对国内移动互联网用户的大面积覆盖。2017 年微信登录人数已达 9.02 亿，较 2016 年增长 17%，日均发送微信次数为 380 亿，微信已成为国内最大的移动流量平台之一。

微信已经完全融入国内网民生活。腾讯内部数据显示，微信占据了国内网民 23.8% 的时间，排在第二位的腾讯视频仅占据 4.9% 的时间，微信已经培养出用户高度的依赖性。《2017 年微信经济社会影响力报告》显示，2017 年由微信驱动的信息消费达到人民币 2097 亿元，拉动流量消费达 1191 亿元，拉动行业流量收入达 34%，微信已深入渗透至日常生活和商业之中。

（2）微信小游戏运行数据。《微信游戏小程序报告》显示，截至 2018 年 3 月，微信小游戏玩家已经达到 4.5 亿，小程序用户则达到 5.6 亿的规模，即小程序用户当中小游戏普及率已经超过 80%，每五名小程序用户当中，就有四名是小游戏玩家。

（3）微信公众号运行数据。2012年7月微信上线公众号功能，以订阅号、企业号、服务号的模式将用户与资讯、服务连接在一起。根据《2017年微信经济数据报告》和《2017微信用户研究和商机洞察》数据，截至2017年底，微信公众号已超过1000万个，其中活跃账号350万，较2016年增长14%，月活跃粉丝数为7.97亿，同比增长19%，公众号已成为用户在微信平台上使用的主要功能之一，并且已经形成成熟的流量变现模式。微信公众号已形成广告推广、电商、内容付费、付费打赏等清晰的商业模式，并围绕公众号产业链集聚了大量第三方运营企业。

（4）微信小程序运行数据。自2017年初正式发布以来，凭借无须安装、触手可及、用完即走的优点以及小程序自带的社群属性，小程序在微信生态内迅速成长：根据腾讯2018年第一季度财报，截至2018年3月微信小程序月活跃用户已经超过4亿，上线小程序数量高达58万个，主要涉及零售、电商、生活服务、政务民生等200余个领域，小程序在微信中的渗透率已达43.9%，显示出较强的成长性。

《2017年中国微信经济影响力报告》数据显示，2017年12月底，微信小程序开发者超过100万、第三方开发平台超2300万个；同时小程序广泛连接线上线下各场景，促进高频消费行业发展。2018年3月用户访问量最多，小程序类型主要为游戏、电商、餐饮、出行、教育。

（5）微信支付运行数据。随着消费者支付观念转变以及移动支付技术不断成熟，2017年中国移动支付用户规模已达5.62亿，较2016年增长21.6%，移动支付已逐渐成为国内大部分城市用户主要的支付方式。微信支付凭借国民级社交工具入口的优势，与QQ钱包一道占据2018年第一季度国内第三方移动交易规模市场40.7%的份额，仅次于支付宝。《移动支付时代的无人零售报告》显示，2017年在无人零售场景下使用微信支付购买用户已超过6000万，支付次数超6亿次。

2. 智能商务在微信运营中的体现

（1）推出智能对话系统"小微"。2019年1月，微信正式推出以人工智能、语音识别为核心的微信智言对话系统"小微"。"小微"通过整合小程序、QQ音乐、企鹅FM、即时通信等生态能力及第三方生态内容，让用户通过耳机、音箱等设备连接"小微"即可获得全方位的智能服务。目前，微信智言对话系统技术方案已经应用于百余款硬件产品。

（2）微信成为新的创业平台。通信产业发展以后，人类真正进入了信息社会。互联网行业的各种产品，都是围绕着信息的买卖在进行。网站和应用分别解决了人们在桌面端的信息交互需求，用户可以在这些网站、应用内用机器实现的交互方式，浏览找到需要的信息。

然而微信实现信息传递是采用另外一种方式。微信上已经接入了很多服务性的账号，用户可以花费极小的成本就能直接与服务账号对话从而获取需要的信息。比如"食神摇摇"接入微信开放平台，只要用户给食神摇摇的微信账户发送一个自己的位置（可以用微信中的地图插件），食神摇摇的账号就会给用户返回一个附近推荐餐厅的列表。这种对话的形式虽然跟网站、应用比起来有些单薄，但也是其简单、快捷的体现，至少在移动端，添加一个微信账号和跟一个微信号对话是使用成本极低的。事实上服务性的 APP 都可以通过这种方式使用微信实现服务。

三、企业发展战略及动态

微信和 QQ 同为腾讯公司开发运营成功的社交平台，参考 QQ 的运营模式，微信也将会依托其庞大的用户数量，为全球用户提供一个基于智能商务的生态平台。未来，微信平台关于智能商务的发展战略及动态可从以下两个动向中得以窥知。

1. 微信将推出"刷脸智慧推荐"

在传统餐饮行业运营中，一个共性难题是，餐品太少无法满足顾客的多样化需求，但选择太多，顾客又难以快速挑选喜欢的菜式，降低了点餐效率。为此，微信预备在未来推出"刷脸智慧推荐"功能，在原有智慧推荐能力的基础上，联合腾讯优图技术能力实现人脸识别，根据对场景、商品的理解，为需要点餐的用户提供消费建议，同时帮助经营者达到"知你所想，知你所需"的效果。

"刷脸智慧推荐"功能将通过提取餐饮行业用户特征，并根据商家的商品标签提取商品特征，构建数千万条训练样本进行万亿次计算和实验优化，得出最终推荐模式。同时，该功能会结合季节、场景等进行综合评估，动态的学习用户对于商品兴趣度的变化，也会将适合用户的商品进行综合打分，排名靠前的商品将会智能化地推荐给用户。此外，人脸识别不仅可运用在电子屏，手机上的小程序也能成为智慧推荐的载体，让商家接入人脸识别的成本进一步降低。

2. 车载微信

截至 2019 年，腾讯正在研究车载微信，未来汽车也可以接入微信，并运用微信的自动驾驶技术路线更好地服务于司机用户。腾讯的自动驾驶技术路线会按照高级辅助驾驶和完全无人驾驶两个维度推进。人工智能算法、高精度地图、数据平台和仿真系统作为四大核心模块运用于这一技术并互为支撑。

综上，借助智能商务技术的发展，未来的微信，将是一个更加移动平台化的腾讯产品。它作为一个运营极其成功的沟通工具，未来能达到的成就不仅限于沟通。

第三节　亚马逊

一、企业概况

亚马逊公司（Amazon）是美国最大的一家网络电子商务公司，总部位于华盛顿州的西雅图，是网络上最早开始经营电子商务的公司之一。亚马逊成立于 1995 年，一开始只经营网络的书籍销售业务，现在范围则扩及至其他产品，已成为全球商品品种最多的网上零售商和全球第二大互联网企业。在公司名下，也包括了 AlexaInternet、A9、Lab126 和互联网电影数据库（IMDB）等子公司。亚马逊及其他销售商为客户提供数百万种独特的全新、翻新及二手商品，如图书、影视、音乐和游戏、数码下载、电子和电脑、家居园艺用品、玩具、婴幼儿用品、食品、服饰、鞋类和珠宝、健康和个人护理用品、体育及户外用品、玩具、汽车及工业产品等。

二、运营情况

1. 亚马逊平台运营数据分析

2004 年 8 月，亚马逊全资收购卓越网，改名为亚马逊中国。2016 年 6

月 30 日，亚马逊日本网站推出汉语版页面；2016 年 10 月，亚马逊排 2016 年全球 100 大最有价值品牌第八名。2018 年 9 月 5 日，亚马逊总市值突破万亿美元大关，成为继苹果后第二家市值突破万亿美元大关的科技公司。

2. 智能商务在亚马逊运营中的体现

（1）推出智能语音系统 Alexa。2014 年 11 月，亚马逊进入 AI 黄金时代并初步推出智能语音系统 Alexa。根据亚马逊的战略规划与愿景，未来的 Alexa 将是一款用户可以用其名字唤醒的环绕设备，它将会尽量模仿人类的思维方式，它的个性会反映亚马逊自己的品牌指南：聪明、谦逊、乐于助人。为了进行 Alexa 系统的研发，亚马逊将研发过 Kindle 电子阅读器、Fire TV Stick 电视棒和 Fire Phone 手机等产品的 Lab126 团队邀请参与进来，并且特意收购了韩国的 YAP 和加州的 Evi 两家 AI 创业公司参与项目。此外，亚马逊也一直在尝试攻克机器学习方面的难题。亚马逊的设想是将它完全整合到购物体验的每一个环节。

（2）开发智能商务算法软件用于精准营销。目前，大多数顾客在购物时都会留意到亚马逊的推荐引擎，因为它会根据智能商务算法软件预测到顾客想买的东西来提供购物建议。目前亚马逊的智能商务算法软件对数以百万的商品都有较高的预测准确率。据相关数据分析，亚马逊智能商务算法软件在 5% 的时间里能够精确地预测到顾客想买的商品，也就是说，在亚马逊每 20 件商品的推荐中，就能猜中 1 件顾客想买的产品。目前，亚马逊智能商务算法软件还在通过收集顾客的购物时间、地点、付款方式等零散的信息来使这一预测趋向精准化。

三、企业发展战略及动态

亚马逊平台在未来发展中关于商务智能的计划和方向可以概括为以下几点：

1. 大量投入用于机器学习的研发

亚马逊的核心业务已发展 20 多年，但随着互联网技术，尤其是计算机算法科学的飞速发展，亚马逊发现如果不在商务智能方面投入大量资源和精力进行研究开发，将来必将被其他互联网巨头击败，最终被市场淘汰，而机器学习作为商务智能领域中最具潜力的技术，越来越得到亚马逊公司的重视。亚马逊的长期战略中就包括，"利用深度学习技术去颠覆商品推荐的运转方式"。

亚马逊已经在尝试用先进的机器学习技术来改造亚马逊的某个部分，其中一部分涉及对当前项目的重新思考，如机器人方面的工作及庞大的数据中心业务 AWS；另一部分则是开发全新的业务，如基于语音的家电发展 Echo 智能音箱。但各自孤立的机器学习还远远不够，亚马逊的团队之间正在展开跨项目的合作：内部科学家尝试解决难题，并与其他团队分享各自的解决方案。在整个公司里，人工智能孤岛开始相互连接。随着亚马逊人工智能项目目标的扩大，未来的亚马逊或许能在这一领域获得巨大的创新和成功。

2. 开发"先送货再购物"的精准销售模式

如上所述，亚马逊已经开发并且一直在更新智能商务算法软件。根据亚马逊的战略规划，未来当亚马逊的数据科学家、工程师、机器学习专家们一点一滴地提高预测机器的精度，使其发生从量到质的变化，在某个时刻将跨越一个阈值，使得亚马逊有能力改变自己的商业模式。比如，亚马逊将预测出顾客想购买的物品并主动送货上门，而不是等待顾客去选购，这对亚马逊的盈利将有莫大的好处。在未来，每个星期，亚马逊都会给每位顾客寄一些它预测该顾客想要的物品，然后顾客就可以从送货箱子里挑选出他/她想留下的物品，从而舒服、方便地在家里购物。这样一来，亚马逊将获得更高的市场份额。所以，提高预测精度将改变亚马逊的商业模式，从"购物再送货"转变成"送货再购物"。

第四节　滴滴出行

一、企业概况

2015 年 9 月 9 日"滴滴打车"正式更名为"滴滴出行"。滴滴出行作为一站式移动出行平台，主要业务为提供出租车、快车、专车、豪华车、公交、代驾、共享单车、共享电单车、共享汽车、外卖等多元化的出行和运输服务，运营至 2018 年已经拥有 5.5 亿注册用户，为超过 3100 万车主及司机提供灵活的工作和收入机会。

"滴滴出行"APP 改变了传统打车方式，建立培养出大移动互联网时代下引领的用户现代化出行方式。比较传统电话召车与路边打车来说，滴滴打车的诞生更是改变了传统打车市场格局，颠覆了路边拦车概念，利用移动互联网特点，将线上与线下相融合，从打车初始阶段到下车使用线上支付车费，画出一个乘客与司机紧密相连的 O2O 闭环，最大限度优化乘客打车体验，改变传统出租司机等客方式，让司机师傅根据乘客目的地按意愿"接单"，节约司机与乘客的沟通成本，降低空驶率，最大化节省司乘双方的资源与时间。

在全球范围内，滴滴出行更是与 Grab、Lyft、Ola、99、Taxify、Careem 构建的移动出行网络触达全球超过 80% 的人口、覆盖 1000 多座城市。目前，滴滴通过旗下平台服务巴西，在墨西哥和澳大利亚提供滴滴品牌的出行业务；并在日本通过合资公司提供网约出租车服务。滴滴始终致力于提升用户体验，创造社会价值，建设安全、开放、可持续的移动出行新生态。

二、运营情况

1. 滴滴出行平台运营数据分析

据滴滴内部财务数据显示，2018 年上半年期间，滴滴在乘客补贴和司机奖励（冲单奖）方面的投入高达 117.8 亿元，这一数字已达到 2017 年全年 181 亿元补贴的 65%。数据还显示，2018 年上半年滴滴的毛利率为 1.6%，较 2017 年全年的 1.9% 下跌了 0.3%。根据滴滴发布的 2017 年度报告，2017 年滴滴平台完成的订单总量为 74.3 亿单，可以计算出 2017 年滴滴平均每单补贴（乘客+司机）仅 2.43 元，这说明虽然滴滴总补贴高达百亿，但用户感知并不强烈。此外，滴滴在 2018 年上半年共产生研发等费用 71 亿元，支付、服务器等其他成本 37 亿元。仅从以上财务数据来看，滴滴出行主打的共享出行的盈利能力还不够强大。

2. 智能商务在滴滴运营中的体现

滴滴于 2016 年成立了滴滴研究院。滴滴研究院主要任务是结合大数据与机器学习，搭建滴滴交通大脑。滴滴交通大脑需要收集每个城市、每一时刻的所有交通出行相关数据，然后做出最优的决策（匹配、导航等），从而提高出行效率。滴滴在大数据和商务智能方面已经实现的技术包括以下几方面：

（1）预测目的地。事实上，很多滴滴用户的出行是比较有规律的：早上上班、晚上回家。滴滴利用用户的出行数据从时间和地点中预测用户去的目的地，这是商务智能的一种体现。

（2）估价。滴滴现行常见的价格预估机制背后有着非常复杂的计算过程，涉及路径规划和时间预估（ETA）。其中从起点到终点的路径规划是非常核心的一部分，找到最佳路径后，滴滴需要自动计算出 A 到 B 的距离以及路况，随后着手解决行程所需的时间估算。

（3）拼车。拼车选项也涉及非常复杂的机器学习问题。滴滴需要计算用户点击拼车后从起点到终点过程中找到一个拼友的概率。如果概率不大，这名乘客很可能最终拼车失败，那么滴滴给出的折扣也会低一些。如果这条是热门路线，路途中很可能会有其他乘客与该顾客在同一时间去同一个或附近的地方，滴滴考虑到这种情况下收益更高，于是会给每位拼车乘客力度稍大的折扣。

（4）订单分配。滴滴目前最核心的商务智能目标是通过智能商务实现订单合理、高效分配。在某个时刻有成千上万的乘客，同时也有成千上万的空闲车辆，滴滴要完成司机和乘客的最优匹配，权衡标准是匹配度。计算匹配度最简单的方法是用距离进行评估，滴滴在前几年均是用距离进行匹配，但路面距离计算仍存在很多不合理的地方，因为各个路段的状况不同，有些地方特别堵，有些则相反，同样是一公里但行驶所耗时间可能完全不同。这里就急需增加时间这一维度，而计算时间又是一大难题，比预估距离还要难。所以滴滴实现订单最优匹配需要遵循这两大核心：做出最优路径规划和预估时间。

（5）解决大规模匹配问题。由于滴滴数据量特别大，每一个乘客不只是让一个司机去匹配，而是需要跟周围上百个司机匹配。在任何一个时刻，滴滴的匹配量高达千万次以上，在一两秒钟完成上千万次的路径规划，这是一项非常大的挑战。滴滴建立了一套深度学习系统，然后加上路况和其他信息去进行预测，这是滴滴在深度学习领域的一次崭新尝试。运用这套深度学习系统，滴滴使匹配误差率降低了70%。

（6）评分系统。事实上，滴滴可以被看作一个"乘客搜索司机"的搜索引擎，乘客在滴滴中搜索好司机后，滴滴需要保证安全和出行体验。为此，滴滴引入一套机器学习系统，预测司机的服务质量和服务态度，衡量服务好还是坏需要通过分析大量乘客的打分、评语数据。滴滴为了让评分系统更加全面，会把乘客留下的所有痕迹都整合起来，然后给出一个分数评判。例如，乘客打出星级后，又进行文字评价"态度很差""绕路"等，针对乘客给出的两个维度信息，滴滴再根据轨迹等多项数据，然后给出综合的分数。分数越高，滴滴也会保证司机的收入越高，推动司机主动提高服务质量。针对乘客恶意差评的情况，滴滴还建立了一个判责机器学习系统，该模型能够评判差评的背后是司机的责任，还是乘客的责任。如果责任不在司机，滴滴就不会降低它的分数。

（7）图像处理。滴滴运用商务智能做了很多图像处理方面的工作。比如驾照图像检测，识别证件号码等，让司机的很多手续不需要到滴滴办公室即可解决。

三、企业发展战略及动态

2018 年滴滴出行在公司总部宣布成立 AI Labs（人工智能实验室），该实验室将主要探索 AI 领域技术前沿问题，推进 AI 技术在智能出行场景中的更多应用和创新优化。新成立的 AI Labs 已有两百余位从事 AI 前沿技术研发的科学家和工程师，未来规模将进一步提升。

滴滴 AI Labs 将主要探索 AI 领域技术难题，重点发力机器学习、自然语言处理、语音识别、计算机视觉、运筹学、统计学等领域的前瞻技术研究及应用，积极布局下一代技术，不断提升用户出行效率并且优化出行体验。同时滴滴 AI Labs 也将激励更多科技创新，吸引、培养更多智能商务人才。

事实上，滴滴一直在用 AI 解决人们出行问题，滴滴成立 AI Labs，是希望让乘客的出行能更加便捷，让司机在滴滴的平台收入更丰厚，让更多人觉得出门是安全的；是希望面向未来进行前沿探索，让人工智能能够为全人类服务。AI Labs 也将帮助滴滴定义出行领域的技术边界。

未来，基于商务智能和大数据技术，AI Labs 将帮助滴滴实现精准预测未来城市的供需情况并提前调度。事实上，目前滴滴对 15 分钟后的需求预测准确率已达 85%。AI Labs 还将积极加速技术能力与数据资源、应用环境的有机结合，推进 AI 技术在智能出行场景中的更多应用和创新优化，如滴滴大脑、滴滴助手等。

第五节 Airbnb

一、企业概况

Airbnb 成立于 2008 年 8 月，总部设在美国旧金山市。它是一个旅行房屋租赁社区，用户可通过网络或手机应用程序发布、搜索度假房屋租赁信息并完成在线预订程序。据官网显示以及媒体报道，其社区平台在 191 个国家的 65000 个城市为旅行者们提供数以百万计的独特入住选择，不管是公寓、别墅、城堡还是树屋。Airbnb 被《时代周刊》称为"住房中的 EBay"。2017 年 1 月 27 日，Airbnb 宣布首次盈利，公司营业额增长超过 80%。2018 年 12 月，世界品牌实验室发布《2018 世界品牌 500 强》榜单，Airbnb 排名第 425。

Airbnb 自 2013 年起开始部署进入中国市场计划，2015 年 8 月正式进军中国市场，2016 年 11 月在中国成立办公室，2017 年 3 月首次召开新闻发布会，宣布其中文名为"爱彼迎"，意为"让爱彼此迎接"。

二、运营情况

1. Airbnb 平台运营数据分析

2017 年有超过 225 万中国用户使用了 Airbnb 入住本土房源，与 2016 年相比增长 287%，房源数量也增长了近 100%。中国市场成为 Airbnb 全球增长较快的市场之一，与此同时，Airbnb（爱彼迎）中国副总裁安丽表示中国将有望在 2020 年成为 Airbnb 最大的客源国[①]。

2. 智能商务在 Airbnb 运营中的体现

（1）Airbnb 的智能定价算法。Airbnb 早在 2012 年就开始构建智能定

---

① 吴怡. Airbnb 加速进军中国市场 首度盈利中国区贡献较大 [N]. 时代周报，2018-01-23.

价工具，并且时至今日一直在改进它。不同于上文所说的滴滴出行的定价算法，Airbnb 网站上的数百万房源都是独一无二的，它们有自己的地址、大小和装饰。顾客在接待、饮食或旅游引导方面的要求也不尽相同。一些规律的（如季节性天气变化）和不规律的（如本地的大型活动）因素都会让定价问题变得更加复杂。在 Airbnb 的智能定价算法最初的版本中，它利用房源信息中最重要的一些特征，如房间和床铺的数量、周围的环境以及某些特殊的设施（如停车位、游泳池等），构建出一个为潜在用户提供价格提示的工具，但这一版本的智能定价算法的局限性在于：第一，其定价算法的工作方式是不变的，比如，考虑俄勒冈州波特兰市珍珠区的情况，如果设定河边的房子的价格比远离河边的房子的价格要高，除非 Airbnb 手动地对这些指标进行变更，否则该算法将永远这样执行；第二，该定价工具并不是动态的，并不会根据用户预订房间的时间或有多少人在同一时间预订而对价格提示做出调整。

如今，Airbnb 智能定价算法的最新版本能够通过与用户进行交互而从错误中获得提高。Airbnb 期待未来使用该工具来调节需求，在必要的时候，可以在房间空余时给出价格下降的提示，或根据需求增加给出价格上涨的提示。

（2）提供个性化搜索结果。Airbnb 提供给用户的搜索结果不仅依据社区或地理位置排名，还加入了用户决策的其他因素，如社会关系、租赁历史、评价等数据点，使客户能够通过 Airbnb 找到符合他们个性化要求的最佳选择。未来，Airbnb 的个性化搜索还会加入城市、客户和租户的人口统计以及其他租赁元数据。

三、企业发展战略及动态

Airbnb 近来宣布的三大战略包括：一是覆盖全球全天候的本土化中文客户服务；二是在中国提供更多高质量房源；三是让中国旅行者享受更多的定制化增值服务。Airbnb 表示，至 2020 年，将会把中国变成 Airbnb 全球第一大客源市场。

Airbnb 将设立本土客服中心，全天候全方位支持中国用户，为中国用户提供一年 365 天、7×24 小时的全天候中文服务。为此，Airbnb 将成立植根于中国本土的客户团队。

对于中国的出境游市场，Airbnb 表示将在最受中国旅行者喜爱的出境游市场，如日本和泰国等地，以及在中国人出境旅行的高峰季节，如春节和国庆期间，为中国用户提供更多的专属增值服务和产品。

Airbnb 目前在全球 191 个国家和地区拥有超过 400 万套房源，但中国是 Airbnb 全球较大的市场之一。随着这次 Airbnb 三大战略的推出，未来其在国内的步伐或许会加快不少，但其本土化之路依然很漫长。

第六节　美易达

一、企业概况

广东美易达网络科技集团有限公司（以下简称美易达集团）成立于 2014 年 2 月 14 日，是集电子商务、数字营销、文化传媒及大健康为一体的企业集团。集团围绕"电商+家电"的核心业务，在多元化的战略布局下，在资金、业务、人才等方面对各子公司形成强有力的战略指导和资源配置，形成各业务模块的战略协同、优势互补，实现规模化可持续发展，打造"电商运营+大数据分析+大健康"三大产业群所组成的生态圈。旗下包括广东智酷电子商务有限公司、顺德智雅电子商务有限公司、佛山市德酷美电子商务有限公司、广东方达思数据服务有限公司、佛山郝斯考科技有限公司、国子美（广东）健康管理有限公司、佛山市君雅文化传媒有限公司等多家子公司。

经过五年的发展，美易达集团从初露头角到现在的一路领先，从几亿元的规模发展到目前的 70 亿元规模，并先后荣获了"广东省电商百强企业第 14 名""广东省电商示范企业""广东省守合同重信用企业""顺德区重点扶持星光工程企业""京东金牌店铺奖"等多项荣誉，成为行业中一张闪亮的名片，受到政府、客户及社会各界的高度认可。

二、运营情况

针对中国电商代运营企业服务同质化问题，美易达集团为提升自身核心竞争优势于 2016 年大力推动数据精细化运营，帮助企业从粗放式经营过渡到精细化经营。几年来，集团通过信息化手段来进行公司的数据管理、提高办公效率，尤其是以信息化手段辅助公司"提高利润、降低成本、管理风险"能力的提升，取得了显著的成绩。

1. 美易达观星台系统——整体电商市场监察

（1）系统背景。企业在互联网上直接或间接产生了大量电商、互联网媒体、社交、个人舆论等数据，且电商行业代运营企业众多，服务同质化严重。通过数据运营可以帮助企业更准确了解行业、自身、对手以及用户，帮助企业从粗放式经营过渡到精细化经营。同时，由于人的思维方式不同，不同的员工在不同的时间设计的报表格式、内容、逻辑均不相同，这些报表上的信息在进行分享时存在理解上的误差，存在不准确性；当数据积累到一定程度时普通办公软件（Word 和 Excel）对数据储存的完整性难以保证，这将导致在数据分析、制定决策方案时，可依据的资料不足。

（2）解决方案。大数据平台应用最新的数据采集、清理、规范化、整合集成技术，进行跨业务、跨系统的数据集成，建成企业级统一数据中心，实现数据内容的可视化。通过专业的数据分析进行市场、渠道、消费者、售后、研发、生产的全价值链研产销一体的闭环管理方案（见图 11-1）。

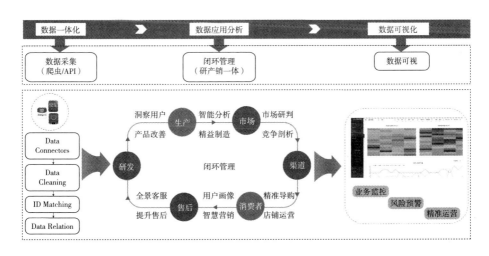

图 11-1　美易达大数据平台管理方案

2. 美易达客服小智——客服智能 AI 系统

（1）系统背景。

1）集团下有 30 多家店铺，查看客服数据需要切换超 30 个账号，耗时耗力且无法实现店铺间的横向对比；

2）客服在与客户聊天的过程中若触发平台的违规行为而未及时发现并处理会遭受平台高额罚款，在海量的聊天数据中发现违规行为无疑大海捞针；

3）客服绩效的统计需要切换不同账号，以人工采集的方式每天需消耗大量的时间采集数据，时效性、准确性极低；

4）客服指标无法关联店铺其他指标，无法从数据中分析客服问题；

5）人工难以在枯燥海量的聊天数据中提取有用的信息；

6）平台历史数据无法沉淀，无法从历史数据中发现问题。

（2）解决方案。

美易达客服小智运用爬虫、数据清洗和模型展现等技术，有效地实现了客服数据的采集和展现，提供了聊天、绩效、监控和分析四大模块十多个场景的解决方案，作为一个面向客服管理和客服分析的系统，美易达客服小智帮助美易达集团极大地提升了客服管理效率。

3. 美易达炼丹炉系统——集团内部数据整合

（1）系统背景。

传统电商运营管理过程中数据信息依靠手工操作进行，数据的统计、汇总、分析指标繁多，报表的滞后会导致公司对业务的监管处于失控状态。

（2）解决方案。

美易达炼丹炉是基于美易达集团京东、天猫等主流电商平台店铺后台数据、公司内部仓储及财务数据相整合的系统应用，数据分为销售、流量、推广、库存、客服五大模块，通过标准的数据可视化流程进行业务监控、风险预警从而推动精准运营。

三、企业发展战略及动态

1. 美易达数据精细化运营管理的目标

基于大数据平台，应用最新的数据采集、清理、规范化、整合集成技术，进行跨业务、跨系统的数据集成，建成企业级统一数据中心，进行订单管理、库存管理、绩效管理、行业分析、流量分析及品牌表现等信息的大数据整合，形成统一的信息视图。

2. 美易达数据精细化运营管理建设策略

美易达数据精细化运营管理建设目标可分解为五个方面的内容，即数据采集系统化、数据清洗流程化、数据分析精细化、数据模块项目化、数据展示可视化。

数据采集系统化：根据不同平台特性，利用爬虫与 API 接口取数等技术，将多平台多系统数据进行采集、汇总，形成企业自身级数据库数据资产。

数据清洗流程化：实现使用指定的业务规则和算法，实现外部电商数据分析，内部数据的应用整合，并提供基于内外部数据的智能预警功能。

数据分析精细化：自动化生成报表并定时发送：对于每天自动更新的数据源进行分类、汇总生成各项日需报表，数据更新后以邮件或其他形式定时发送指定相关责任人。

数据模块项目化：根据不同模块的数据通过不同系统针对性地进行开发，形成美易达体系三大系统项目：美易达观星台系统、美易达炼丹炉系统、美易达客服小智。

数据展示可视化：系统提供上述数据内容的可视化图形、图表统计展示页面，提供经营数据的大屏展现。

围绕以上策略最终建成美易达四大系统：美易达观星台、美易达炼丹炉、美易达客服小智、美易达月光宝盒。

第七节　字节跳动

一、企业概况

北京字节跳动科技有限公司成立于 2012 年 3 月，是最早将人工智能技术大规模应用于信息分发的公司之一，其通过"内容聚合+智能推荐"打造了"最懂用户"的资讯平台。后续凭借海量数据所训练出的工业级 AI 推荐系统，实现了不同赛道上移动端产品的低成本、高效复制，打造出"抖音""Tik Tok"等现象级短视频产品，利用六年时间迅速成长为全球移动互联网新贵。随着大众用户的阅读行为广泛向移动设备迁移，字节跳动获得了高速发展，在行业内建立起了极高的品牌知名度与影响力。

字节跳动于 2012 年 8 月推出基于数据挖掘的推荐引擎资讯产品——今日头条，通过智能分发，即通过爬虫采集各大网站的资讯，并依靠算法完成对资讯的个性化推荐。2016 年，字节跳动敏锐地察觉到短视频是内容创业的新风口，提出"All in 短视频"战略，2016 年 4~5 月、9 月，火山小视频、头条视频和抖音短视频相继上线。目前公司产品布局于移动资讯、短视频、内容社区、教育等多赛道，已建立包括今日头条、抖音、西瓜视频、火山小视频、悟空问答、TopBuzz、TikTok、Faceu、图虫、懂车帝的等多产品矩阵，在业界被称为"APP 工厂"，其中，旗舰产品包括今日头条 APP 及抖音短视频在相应领域遥遥领先竞争对手。2018 年上半年"头条系"产品流量已占据中国互联网流量的 10.1%，仅次于腾讯系，超过百度及阿里巴巴。2018 年 10 月最新一轮融资估值达到 750 亿美元，超越百度市值，成为中国乃至全球成长最快的移动互联网公司。在 AI 技术基础赋能广告端的精准营销带动之下，2018 年广告收入超过 500 亿元[①]。

二、运营情况

字节跳动组织架构下设技术部、用户增长部和商业化部三个核心职能部门，三个职能部门均参与到每个 APP 的运作当中，分别负责拉新、留存和变现。字节跳动于 2016 年成立人工智能实验室（AlLab），依托字节跳动的庞大用户数据的持续涌入，专注于机器学习、计算机视觉、自然语言处理、语音与音频、计算机图形学、知识挖掘等领域的前沿技术研究，并将研究成果应用于字节跳动的产品中，利用人工智能帮助内容的创作、分发、互动、管理。开发出行业领先的人脸识别、语音识别技术，实现了内

---

① 国信证券张衡团队．字节跳动：AI 时代互联网新贵［EB/OL］．智通财经网，http://finance.ifeng.com/a/20181128/16593088_0.shtml.

容的精准投放和推送，并用人工智能辅助审核。目前，人工智能技术已经渗透到写稿—审核—分发—广告投放全流程中。

1. 资讯产品矩阵：算法+内容，打开移动互联网流量新入口

今日头条是国内最早一批把人工智能结合到移动应用场景中而推出的个性化信息推荐引擎产品，自 2012 年 8 月上线后，凭借算法编辑+智能分发，在资讯类 APP 中异军突起。智能算法+资讯分发赶上了移动互联网增长红利，且产品功能契合移动互联网时代人们零碎时间的泛阅读需求，通过智能算法自动推送用户感兴趣的内容，节省了用户挑选内容的时间。2018 年今日头条 APP 日活和月活用户仅次于腾讯新闻，2018 年 12 月月活跃用户达到 1.65 亿人，俨然成为互联网流量的新入口①。

2. 短视频产品矩阵：差异化定位+智能算法+精细化运作，成就短视频赛道霸主地位

字节跳动通过对准短视频细分市场进行产品的差异化定位，防止用户重合，先后上线西瓜视频、火山小视频、抖音三款短视频软件。西瓜视频从今日头条 APP 的短视频功能脱离，以 PGC（专业生产内容）短视频为主；火山小视频模仿快手，定位于三四线小镇青年；抖音模仿国外 Musical. ly 软件，进行去"快手"化，专注于年轻人的音乐短视频社区，弥补市场空白。同时，4G 通信+算法分发的引爆短视频行业增速，4G 资讯费用的下降和智能手机的普及为短视频行业发展提供技术基础，算法分发功能节省了人们挑选内容的时间，提高了观看视频的效率，从而引爆了短视频行业（见表 11-1）。

表 11-1 字节跳动三款短视频产品介绍

应用名称	上线时间	视频时长	目标群体	内容特点
抖音短视频	2016 年 9 月	15s 短视频为主	有个性化表达的年轻群体	洗脑音乐搭配酷炫特技，"潮""酷""时尚"的元素

---

① 子青. 2018 年上半年今日头条系独立 APP 用户使用时长位居第二，仅次于腾讯［EB/OL］. 网易科技报道，http：//www. paoku. com. cn/tech/2018/1212/11272. html.

续表

应用名称	上线时间	视频时长	目标群体	内容特点
火山小视频	2016 年 4 月	15s 短视频为主	小镇青年	对标"快手",记录并展现乡镇日常生活
西瓜视频	2017 年 6 月	15～55s 短视频＋1～10min 较长视频	中老年用户	内容涵盖范围广,短视频和小视频共存,PGC 和 UGC 兼顾

3. 其他业务布局:多元化发展,推动流量变现

(1) 上线多闪,试水视频社交。2019 年 1 月 15 日,字节跳动发布其首款社交产品——多闪,主打熟人间亲密社交,作为字节跳动社交类产品的排头兵,杀入腾讯的社交腹地。随着 5G 等新技术的落地,将推动短视频社交或以短视频为主,结合语音、图文的形式出现,但目前多闪作为一款视频社交软件,并未达到用户的预期。

(2) 教育、游戏、金融多元化布局。2018 年 5 月,今日头条上线了在线英语教育品牌 gogokid,为 4～12 岁少儿提供线上外教英语课程,对标在线教育的龙头企业 VIPKID,正式进军在线教育市场。gogokid 在课程教学的过程中融入了大数据、人工智能等技术元素,如基于大数据的学生能力测评系统、学生能力与教学模式的智能匹配、人工智能阅读学生"微表情"的反馈系统和智能作业系统。

(3) 运营分发+游戏直播,进军游戏产业。2018 年 6 月 14 日,今日头条安卓 APP 上线了"今日游戏"模块,包括了各种手机游戏的下载链接和自媒体的游戏稿件,以及为游戏研发商的活动推广和宣传提供广告位,涉足游戏分发运营。

(4) 上线"放心借"产品,进军个人消费贷业务。2017 年 7 月,今日头条 APP 上线了在线借贷产品"放心借"。用户可获得最高 20 万元的贷款额度,日利率最低为 0.03%。根据产品介绍,"放心借"是为个人消费借款提供的服务平台,通过智能算法为用户推荐"高额低息"的正规持牌金融机构。

4. 海外布局:从 0 到 1,把握海外互联网红利

字节跳动海外产品主要通过复制国内主要产品,涵盖新闻资讯、短视

频、内容社区等领域，以"自产+收购+投资"三路齐驱，雇用当地员工、直接收购当地公司或直接投资的方式，迅速适应海外市场，字节跳动主要提供算法技术输出为全球用户提供统一的产品体验。目前，字节跳动的海外战略已取得初步成效，Tik Tok 和 Musical. ly 全球覆盖超过 150 个国家和地区，2018 年 Tik Tok 在印度下载量达到 1. 19 亿，美国达到 3960 万，土耳其和俄罗斯也分别达到 2840 万和 2430 万①（见表 11-2）。

表 11-2　字节跳动主要海外产品介绍

产品名称	发布时间	布局方式	产品介绍
Top Buzz	2015 年 8 月	自建	今日头条海外版
Tik Tok	2017 年 8 月	自建	抖音海外版
Musical. ly	2017 年 11 月	收购	音乐类短视频社区应用，目前已与 Tik Tok 合并
Vigo Video （Hypstar）	2017 年 7 月	自建	火山小视频海外版
BABE	2016 年 12 月	控股	印尼新闻推荐阅读平台
Dailyhunt	2016 年 10 月	投资	印度最大的新闻资讯分发平台
Flipagram	2017 年 2 月	收购	短视频创作者社区
News Republic	2017 年 11 月	收购	新闻聚合平台
Live. me	2016 年 4 月	收购	直播平台

三、企业发展战略及动态

2018 年 4 月 23 日，字节跳动创始人、CEO 张一鸣在首届数字中国建设峰会期间首次对外披露字节跳动全球化的战略细节：技术出海，为全球用户提供统一的产品体验，针对不同市场采取符合当地需求的本土化运营策略，建设全球创作与交流平台，而技术出海，是字节跳动全球化发展的核心战略；人工智能技术，是字节跳动在全球众多国家和地区获得认可的关键。

字节跳动互联网广告的特点在于通过 AI 技术，实行千人千面的精准广

---

① 艾媒研报. 字节跳动研究报告：以智能算法为驱动的互联网新巨头 ［EB/OL］. 艾媒网，https：//www. iimedia. cn/c1000/63778. html.

告营销，主要模式包括开屏广告、信息流广告、开屏联播及视频广告四种类型，其中，信息流广告为今日头条 APP 和抖音最主要的广告形式，以"文字描述+突破/视频展示"的形式内嵌于新闻资讯内容中，并基于用户的地域、人口和兴趣属性进行精准投放，而字节跳动从用户中寻求更大变现的能力已迫在眉睫，其也尝试通过以下几种方式进行变现：

（1）加大垂直领域投入，如字节跳动旗下懂车帝有较强的发展势头。

（2）今日头条加入信用卡、电商、游戏等增值服务，促使流量变现。

（3）进军电商，抖音加入电商模块，通过网红带货搭建内容电商平台。

（4）抖音推出热搜榜、MCN 合作、广告接单平台星图和企业蓝 V 计划，进一步加强平台的广告营销能力。

参考文献

1. 百度百科，https：//baike. baidu. com/item/淘宝网/112187？fr＝Aladdin.

2. 艾瑞咨询集团. 中国移动电子商务市场研究报告［EB/OL］. 艾瑞咨询，2010.

3. 艾媒研报. 字节跳动研究报告：以智能算法为驱动的互联网新巨头［EB/OL］. 艾媒网，https：//www. iimedia. cn/c1000/63778. html.

4. 阿里研究院. C 时代 新零售——阿里研究院新零售研究报告［R］. 阿里研究院，2017.

5. 百度百科. 电子商务运营模式［EB/OL］. 百度，https：//baike. baidu. com/item/电子商务经营模式/10318897？fr＝aladdin.

6. 赵树梅，徐晓红. "新零售"的含义、模式及发展路径［J］. 中国流通经济，2017（5）.

7. 陈海迪. 大数据在智慧旅游中的应用研究［J］. 当代经济，2015（29）.

8. 陈志黄. "互联网+"形态下物流系统创新研究［D］. 合肥工业大学硕士学位论文，2017.

9. 郭玉杰. 大数据对消费行为的影响与商业模式的演变［J］. 商业经济研究，2015（20）：12-13.

10. 国家工业和信息化部电信研究院. 移动终端白皮书［J］. 物联网技术，2012，2（6）：89.

11. 郭月宁. 京东集团与航天基地签订三大总部落户西安合作协议［N］. 华商报，2017-05-23.

12. 国信证券张衡团队. 字节跳动：AI 时代互联网新贵［EB/OL］. 智通财经网，http：//finance. ifeng. com/a/20181128/16593088_0. shtml.

13. 黄敦高，吴雨霏. 浅谈智慧供应链的构建［J］. 中国市场，2014

（10）：20-21.

14. 黄成成，叶春森，王雪轩，时章漫. 智慧供应链体系构建研究 [J]. 价值工程，2018，37（23）：121-123.

15. BI Intelligence. 25 big tech predictions for 2016 [J]. 价值工程，2019，38（1）：36-38.

16. 京东物流，中国物流与采购联合会. 中国智慧物流 2025 应用展望 [J]. Useit，2017（7）.

17. 林剑宏. 浅析人工智能技术在电子商务领域中的应用 [J]. 中国商论，2019（2）：19-20.

18. 刘淑萍. "互联网+"内涵与发展评价指标体系 [J]. 科技经济市场，2018.

19. 吕斯佳，赵霞. 互联网时代移动支付的发展现状和对策分析 [J]. 全国流通经济，2019（3）：15-16.

20. 李骏阳. 改革开放以来我国的零售革命和零售业创新 [J]. 中国流通经济，2018，32（7）：3-11.

21. 马宏. 全面解析新零售与新物流 [J]. 物流技术与应用，2018（3）：92-98.

22. 马衷建. 智慧供应链和大数据赋能传统物流企业转型升级 [J]. 中国物流与采购，2018（24）：96.

23. 盘点：2018 年十大人工智能电商方案 [EB/OL]. 网经社，2018-06-26.

24. 钱玉娟. "互联网+"产业转型新坐标 [J]. 中国经济信息，2015（6）.

25. 沈追. 新零售供应链三个特征和三个要求 [J]. 时代经贸，2017（11）：39-40.

26. 孙锐. 新零售下供应链的协调研究 [D]. 北京邮电大学硕士学位论文，2018.

27. 淘宝天猫公布最新用户数：活跃消费者已达 6 亿 [EB/OL]. 中关村在线，https：//baijiahao. baidu. com/s？id＝1616169053874764979&wfr＝spider&for＝pc.

28. 天下网商. 淘宝商家大会干货来了：更简单、更普惠、更创造 [EB/OL]. 搜狐网，https：//www. sohu. com/a/232066032_114930.

29. 王天一. 人工智能革命：历史，当下与未来［M］. 北京：北京时代华文书局，2017.

30. 王芳. "互联网+" 商业模式创新发展趋势分析［J］. 商业经济研究，2018.

31. 王宋伟，郑修娟，倪万玉. O2O 新装：对 "新零售" 模式的研究分析与评价——以上海市盒马鲜生为例［J］. 商场现代化，2019（3）：16-17.

32. 吴怡. Airbnb 加速进军中国市场　首度盈利中国区贡献较大［N］. 时代周报，2018-01-23.

33. 王岩，高小涵. 中国新零售业的发展现状与对策研究［J］. 经济师，2018（11）：50-52.

34. 邢惠淳. "新零售" 背景下生鲜电商商业模式比较分析——以盒马鲜生和每日优鲜为例［J］. 商业经济研究，2019（4）：85-87.

35. 徐玉辉，周维翠，刘婉云. 传统零售向新零售模式转变过程中存在问题的对策研究［J］. 经济研究导刊，2018（20）：47-49.

36. 杨爱喜，卜向红，严家祥. 人工智能时代：未来已来［M］. 北京：人民邮电出版社，2018.

37. 杨梦洁，杨宇辉，郭宇航等. 大数据时代下精准医疗的发展现状研究［J］. 中国数字医学，2017（9）.

38. 杨英. 浅析 "互联网+物流" 智能化仓储系统现状与行业发展［J］. 现代经济信息，2015（15）：332-334.

39. 于昕廷，于宛灵，白杨. 互联网+时代下的信息化供应链管理模式探究［J］. 知识经济，2016（4）：59.

40. 庄丽，李晓聪，盖立庭. 中国电子商务发展现状面临的问题及对策研究［J］. 价值工程，2019，38（1）：36-38.

41. 赵树梅，门瑞雪. "新零售" 背景下的 "新物流"［J］. 中国流通经济，2019，33（3）：40-49.

42. 赵然，安刚，周永圣. 浅谈智慧供应链的发展与构建［J］. 渠道建设，2015（10）.

43. 张世宇. 大数据在企业供应链管理中的应用［J］. 计算机产品与流通，2019（4）：113.

44. 子青. 2018 年上半年今日头条系独立 APP 用户使用时长位居第

二，仅次于腾讯［EB/OL］. 网易科技报道，http：//www. paoku. com. cn/tech/2018/1212/11272. html.

45. 朱国忠，徐凡，吴鑫鑫，叶兴波. 传统零售企业向新零售业态转型路径研究［J］. 中国市场，2018（27）：120-122.